我之一日平常

治 心 著

De Fu Publishing

網站: www.defupublishing.com

電郵: info@defupublishing.com

《我之一日平常》

My Daily Life

作者:治心(Zhi Xin)

繁體版紙本書國際書號 (ISBN):

978-1-922680-16-7

簡體版紙本書國際書號 (ISBN):

978-1-922680-17-4

繁體版電子書 EPUB 格式國際書號 (ISBN):

978-1-922680-18-1

簡體版電子書 EPUB 格式國際書號 (ISBN):

978-1-922680-19-8

设计: Risa Liu

插畫: Keng Zhuang

出版: 德福出版社

2023年第1版

前言

鄭重推薦治心老師系列靈性詩集的又一部璀璨之作問世:《我之一日平常》!治心老師的每一部詩集,都融匯了他數十年修行實證而最終徹悟生命本源真相後的智慧解碼與慈悲心語,每一部詩集都堪稱生命究竟圓滿智慧之修行實證寶典,為我們提供了一條通往生命終極真相與靈性快速覺醒之路的稀世珍貴的指引!

治心老師的詩集,既包含了古典韻味,蘊藏著千年文化的沈香,如同古琴的樂章,深邃而悠遠;又融合了現代風格,蕩漾著詩意生活的時尚,如同竹影的婆娑,悠然而脫俗。既有大氣恢宏、天馬行空、極具想象力和文字張力的手筆和表達,讀之讓人嘆為觀止、振聾發聵;又有點滴入微、生動活潑、頗有幽默感和鮮活力的童趣和頑皮,閱後讓人忍俊不禁、撫掌而笑。時而以文字作獅子吼,以直擊人心的力量叩問生命的意義;時而又以人類的語言向你傳譯:那萬物本源的靈,隱藏在每片樹葉里的天堂,與每一朵花裡的極樂!

靈,存在於一切里,故而天堂和極樂也就在一切里,與靈同在,生命不會孤獨。而很多人卻因活在知見和慣性里,就如同一輩子活在牢籠里,終其一生,甚至萬世迷茫,亦無法得見,哀——莫過於如此!致使生命本來的慶祝與歡笑,變幻為人世間的無盡滄桑與深深苦痛!

人生浮沈，世事紛擾，當我們放緩腳步，純粹心靈，去親暱、細品這些充滿靈性的詩篇，心靈至深的柔軟處，頓時被觸及，化作了漫天的花瓣雨灑落，活出靈性的人，從此不再固守、維護這層堅硬的殼！

有緣有幸，感恩遇見，治心老師的靈性詩集，可以喚醒我們內在的覺知，幫助我們快速解鎖心靈的層層封印，讓我們重獲先天本自具足的真正的自由！誠願治心老師的詩集成為你生命中一份寶貴、厚重的禮物，陪伴你綻放幸福、走向終極覺醒的生命之旅！

德福出版社

自我介绍

——無遺治心

如同我們給天地萬物賜名
大至浩廣星系之天體、宇宙時空……
小至如這院子里的
這些樹、這些草……乃至那草叢之中的
那些小昆蟲……
它們也都有屬於自己的名字
只是，作為花草樹木本身，以及
這些小昆蟲本身，它們其實
並不知道自己已被人類命名
而作為浩瀚生命中的一個小小的我
來在人世間也一樣
在毫不知情的情況下
即被父母賜了一個叫「雲何」的乳名
其名何意，並不知曉
就如同那些花草樹木渾然不知
已被人類命名一樣
幼兒時的我，同樣並不知道
已被父母命名

然後，隨著肉身的慢慢成長

到了該上學的年齡時
我又被賜名叫「有貴」
其名究竟何意亦不知曉，只是
別人呼叫此名時，我便知道
哦，那是在叫我！
接著，隨著讀書學習和人生經歷的豐富
我之後天意識也逐漸形成
且在不知不覺間，在我的生命系統中
又孕育出來另一個人我
即所謂的人格自我

於是，我便以人格自我為我
在世間行走、歷練和修行
並隨著獨立思考的能力出現
我便有了獨立人格自我的獨立主張
於是，我開始自己為自己命名
最先想到的是開拓精神
所以在青年期，我便自命名曰拓宇
繼以此名號在人間歷練、修行
一段時間後，又改名曰治宇
隨著修行和悟道的逐漸深入
便又添一字號無遺·治心
此時的我，已經人到中年了

觀生命種類何其豐富，浩瀚生靈
更是無以窮盡，其相
其名亦是無以窮盡
經典言大千世界、佛剎土
猶如恆河沙數之多
那其中的名號，又有多少呢？而
名號本身亦並非等同於生命
所謂「名可名，非常名」
名號，亦無非一標籤而已
名本虛幻，難表真如

而人之一生追求學問
無非能求證得生命圓滿和究竟了義之
真理，抑或生命之真相而已
至於人世之虛名又怎可執著？且
那執著的因為何？又是誰
在執著呢？那個人格自我
是真我嗎？所謂
人之自我介紹，亦無非是
以幻說幻
以空道空罷了

治心老師簡介

治心老師, 字無遺, 號治心。當代詩人、作家、思想家、藝術家、心相家。祖籍四川, 自幼歷經諸多奇遇, 致其三觀顛覆, 進而開始探索生命真相與大道奧秘。後有道家師父不期而至, 伴隨數載悉心點化。後又因緣所致修學佛法, 迄今二十餘載, 精進不止, 種種殊勝, 無以窮述。最終徹悟生命、宇宙之究竟圓滿實相。現以多重身份與角色演繹其生命之大自在。

隨著修行深入, 他越是明理越是謙衝, 越是懂得越是慈悲。於是明志以力行善道、慈濟大千、無有遺野! 祈盼天下迷眾皆得自在解脫, 繼而創辦九和九福教育, 系統開發包括個人、家庭、社區、企業、學校、政府、民族、宗教、生命等九大板塊在內的全民九階進修課程體系, 助力人類早日回歸正道、實現世界大同。

治心老師從客觀實相與生命本源出發, 站在宇宙乾坤之道與生命圓滿之法的角度, 提出徹底解決個人身心、家庭關係, 以及各民族不同文化、各國不同執政理念、各宗教不同信仰之間五大矛盾的《九和新學思想》。

首創《三大心智語言》生命實相理論體系, 研發《造夢藝術》《心相語言》《左右腦平衡教育》與《王者之旅》等系列課程, 究極生命運作之奧秘, 思想內涵無比深厚。其研發且親授的《九行運命》《九和之家》《九久鴻業》《九智領導》《九感明師》《九力學子》《九禪內觀》《九療全愈》《九福人生》《生命真相》《眾妙之門》《行住坐臥》《圓覺中道》《心物一元》《大圓鏡智》等系列課程涉獵個人身心健康、家庭和諧幸福、事業騰達通泰、人生自在美滿、生命價值成就等方方面面掌控生命自由度的大智慧。

著有書籍《玩出大自在的幸福人生》《用心經的智慧找回真我》以及系列靈性詩集之《治心之舞》《我之一日平常》《塵中得自在》並已在全球各大平台出版發行。

治心老師的書法亦是獨具一格，其妙手所化現的彰顯皇家風範與貴族氣質的治心能量體，開內拙之先機，問生命之本有，玩藝術之童趣。

老師的每一幅作品都是在生命本源之威德自在大圓明狀態上書寫、表達、演繹而成，故每一幅作品也都蘊涵著至高的生命能量，盡顯老師所證天地自然、宇宙乾坤之究竟圓滿道法。

作品中的每一個字，猶如一個個鮮活的生命靈動而歡喜，蒼勁而有力，渾厚而通達，豐盛而圓滿，超脫而自在，神聖而莊嚴……富有極高的靈性、美感和神韻，耐人尋味，引人入勝，予人智慧，是提升個人心智與生命能量的絕佳之作，富含深刻的教育意義與文化內涵。

當其作品映入眼簾一瞬，心靈頓被攝受，靈魂深受吸引，所見之人皆深感語言無力形容其作品之穿透與震撼程度，驚奇與嘆服的當下，已然知曉此瑰寶與心靈相通，甚是神奇與高貴，此等靈氣之作，實乃與生命為伴之無價臻品，極具收藏價值。

此為老師透過墨寶在修學者日常生活與工作環境中潤物細無聲地為其柔軟心性、啓迪智慧、淨化靈魂的慈悲心願，亦是老師之所以在百忙中，一直會抽出專門時間為學員量身書寫墨寶的初心所在。

老師將其實證之道高超而精妙地應機示現和隨緣傳授給眾多探尋生命奧秘的求道者，其大智妙用淋灕盡致地體現在講學與生活之中，其天地般寬廣的愛深深地感動著身邊的每一個人。老師慈悲喜捨、深入簡出、隨緣任運，是一位此生若有緣受教，生命便可了無遺憾的大圓滿智慧佈道者。

目錄

前言……………………………………………001
自我介绍…………………………………………004
治心老師簡介……………………………………007

我之一日平常……………………………………001
修習與果證………………………………………051
無遺開智…………………………………………109
治家之道…………………………………………125
敬業精神…………………………………………139
耕身集萃…………………………………………197

我之一日平（組詩18首）

卯起打坐
辰起活動
如廁 刷牙
淨面 拖地
早餐
然後做事
午時做飯 就餐
餐後神遊
下午或做事或聽書或刷機
黃昏散步
晚間觀影
睡前洗漱，偶或泡腳
子時入睡

第 1 首
—— 打 坐

晨光熹微
生氣漸鼓
山身光照陽氣蘇
五臟六腑，覺知如如
四肢活動，應然有數
深深呼吸，微閉眼瞼
左右搖身疏通經絡線
仰臥起坐若干遍
氣息活絡
始起雙盤坐

閉眼，淨慮、調心
觀想靜心詞
禪心似月明
心清天地新
松風過空堂
悠悠愛滿腔
繼續觀想、調息……
讓心靈的品質越來越高
恭敬而神聖

寂然而聖潔
空虛寥寥
孤意然然

靜寂，再漸深入
身心脫落，玄音空起
五行歸元，逆順交付
爐中龍蟠虎踞
鼎內真丹浴火
杳杳冥冥陽神出
自在大仙光正路
警惕，觀照
勿睡覺

附：靜心詞全韻版
禪心似月明
心清天地新
穢風過堂淨
悠悠愛滿庭

第 2 首
—— 活 動

靜坐時間差不多了
收神, 內觀調心
使其心境——恭敬聖潔
靈然明朗
而後雙手合十, 感恩
慢慢睜開眼
下坐活動

其心柔軟, 詩意
若微風蕩漾著湖面
數十萬億身體細胞活躍
如小小的露珠, 晶瑩剔透
細胞裡面含著笑臉
呼吸帶著新鮮空氣進進出出
瑞氣霞光, 曼妙佳絕
王者出心宮
於肺腑裡面早朝
各大官能列班就位
靈與氣合
心與意和

曉來天氣，不論陰晴
境隨心轉，悠然爽清
四肢百骸，配合默契
或行或立，自在美麗
或緩或急，猶然一氣
舒身悅納，傾心愛慕
寫意十分，難表萬分
內在與外在協同
柔娥與明健著意
就這樣暢然開啓
我在娑婆世界
身心活動之
一日游

第 3 首
—— 如廁

如廁已成為提示
我觀照的坐標，經常遺忘
所以落在人間，幾度迷失
你瞧，那些悄然潛入的玩意
也有它們的小心思

甚至還有所謂的——
行動計劃
尤其，當你忘情於外景
絲毫不察
它們便在你體內設榻
在無法預知的下一刻
便以難料的形式
讓你躺下

所以，
不管你感覺身體哪兒不舒服
哪怕很渺小、很細微
也要及時觀照，並解碼
所謂「合抱之木，生於毫末；
九層之台，起於累土」
能施所施及施之受
一旦成為教訓
那都只為提醒你
勿迷境

五蘊盡頭有一線牽
萬萬不可斷此「風箏線」
同時出入，又何成了陌路
只因無始劫來早迷路
大千萬象障人眼
微塵幻現，更無盡
墮入凡間怎不苦

是何故？又為了何故？
墮入迷亂知見故
見深見淺一麻袋……又一麻袋
亂如麻，怎解開？
趕快如廁去
大便大解，小便小解
統統拉掉
莫保留

第 4 首
—— 刷 牙

我用金剛之志護持著堅硬的牙
用愛心呵護著那柔軟的舌
這天地大道的旨意抑或是秘密
似乎就隱喻在這滿排牙的
口腔里
毀譽無憑或有據
隱晦含蓄或撲朔迷離

榮枯無常究根底
搬弄是非，令真性迷
貪味戀色身語意
何能安住最勝心
玩遊戲

你看世人張口為弩
緊繃著弦
那是牙口受了腐蝕
不再捍衛正義
整日計較和保護的
無非私慾利
鋼刀利口盡傷人氣
招愆惹禍，多因口舌起
口毒惱害令心迷離
本為有趣才入凡間戲
未曾想，進來以後
就出不去

你道跳出輪回，有多難
難，難，難……
也不難
到底難不難
關鍵看你如何玩
護持口齒莫被牙蟲蛀
勤用舌根弘法利生便能出
具體怎操作

那是將「淨念」融進牙膏里
刷刷刷……刷刷刷……
一邊刷牙，一邊淨諸口業
一邊刷牙消舌毒
一邊口吐蓮花造善語業
如此垢盡塵消
便能返本還原
回老家

所以，要明白
造化雖然安排了——以牙來護舌
卻也不能寵舌過度，而任由它
搬弄是非或是亂嚼舌根
乃是要用這好牙口和這
三寸不爛之舌
去弘揚正法
正道
因此，這漱口和刷牙
也都很重要
很重要

第 5 首
—— 淨 面

迷失在人間的人啊
似乎也都攜帶著墮入浮華之後
的各種秘密
在面子之下包裹著
業已冰凍的痛
每日淨面或洗臉
也都不是為清理這些
難言之隱
相反卻是為了更好地
將其隱藏

很多人就這樣迷失在人間
在自己劇情里的劇痛里活著
然後又在其
劇情里的劇痛里死去
你看那些外表光鮮的年輕人
整日戴著各種面具在自己的劇情里
四處奔跑
而老年人的虛榮心
也未見得就老

那些長得嬌美的，整日
被群蜂圍繞
而那些自欺欺人的醜怪
就只能在自己自戀的劇情里
孤芳自賞

來在人間的風險就是這樣
一不小心
就被這張面子給收走了魂
可見人的虛榮心啊
誤人真不淺
……
最是平常裡面也最神奇
我道出那玄空，為你破迷
肉身已然是個假貨
那鏡中投影，又怎會是真我
可憐的很多求道者啊
一輩子忙這忙那的
竟然也都是一些
面子活兒

我道任何事情也都有兩個面
揭開華美的面子下面
或許正是你不願面對的
慘不忍睹的另一面
那是另一個受傷的你
而我每日必行的「淨面」

卻並非為粉飾這光鮮下
的暗疾
乃是要真實地面對
自己和善待
自己

第 6 首
—— 拖 地

我手持拖把，我也就變成了拖把
拖把走在我房間地板上面
我走在我房間的地板裡面
那是一個巨大的空間
裡面春夏秋冬的四季風景
任由我來主宰

我的拖把走進我房間的臥室
那裡的空間
便化作永恆的春天
那是明媚的愛的季節
裊裊的炊煙，醉人的詩篇
湖光山色舞翩躚
閱不盡的丹輝，陶不盡的娥情

或閒倚欄桿兮, 清風拂面迎
美妙情緒, 繼著思緒行
無以言語
只能默默相親

我的拖把走書房
那裡的空間湧蕩著夏天的熱情
卻又不乏冷靜
豪放而優美
回蕩著我書寫時的天籟之音
千絕百味的童趣
還有永恆守候的青春
我化雀高飛, 在空中盡情歡

嗚
我召雲龍出海, 起落翺翻
更上雲端
流光隨我去登攀
九旋之淵
光明燦

我的拖把走客廳
那裡光景是碩果累累的秋
天地廣闊豐收的景
白日艷陽高掛秋風涼
夜來月光瀉明湖
美美的心兒憨憨的笑

極盡繁華心如洗
飛花萬盞自性空
那裡有我幻化的百合園萬千株
有大葉火桐樹比鄰
沼生水馬齒家族萬千株
有南天竹家族比鄰
刀脂木家族萬千株
有海桐比鄰
紅枝蒲桃家族萬千株
有東瀛珊瑚家族比鄰
扁竹蘭家族萬千株
有銀邊草家族比鄰
金森女貞家族萬千株
有桃葉珊瑚、錦熟黃楊家族比鄰
蘭嶼加、丁桐皮家族萬千株

有南天樟、金合歡家族、挺立的董棕家族萬千株，還有爬山虎、山玉蘭、鳳尾竹、山茶花、皂莢樹、毬花含笑等萬千株……

我整個客廳的風景，就是這樣的
無比豐盛和富饒

我的拖把走進衛生間和廚房
那裡有透明的清輝與冬雪之聖潔
我取白雪皚皚的意境作裝飾
我加入千山萬水的冰雪情懷
注入在無論在任何境緣里
也都能傲然挺立的風骨

用尖削而遒勁的指穩固著生命
邁向純淨神聖的方向
我手中的拖把是一隻
形而上的手
我把它的淨化功能許給了
廣袤無垠的大千世界
當我拖把行走在廚房和衛生間的地板上
我便抒發著
生命亙古之雄壯

真可謂:
性定魔伏天地新
妄念隨我化變行
不貪不執處處安
心動念動真妙義
私慾盡化種福地
我就這樣在拖地

第 7 首
—— 早 餐

早餐，是我每日必修的早課
吃的也是很簡單
主要食材有兩種
就是用高鈣菜加雙色豆粉打汁喝
我稱它為高鈣哥與大豆妹
愛的汁液
所以喝它不僅是為了養身
更是為了定下這一天的
美好心情
因為這兩者結合生出的味道
實在是好美好美
所以愛呀

當然，桂林米粉和古藺麵條
也是我非常喜歡的美味
就讓它們彼此之間切換著來
這樣的早餐吃下去
不僅讓身體感受到被深深的愛滋養
那心情，也是倍兒的爽
這無疑是來自造化的恩賜

所以我非常感恩每一個
能睜開眼的早晨
尤其感謝造化還願意送我到人間
以這具肉身作為貢品
承載
生命的禮贊

早餐亦是禪食
所吸收的不僅是美妙與營養
消化的卻還有貪嗔痴慢
貪是心迷虛弱，悶抑出嗔火
痴是執著於愚見，所以支撐起了傲慢
其實，也都是自縛枷鎖
時人爭強好勝、攀高結貴
無非是人心強分出來了——
對與錯、高與低
對與錯真有那麼重要嗎
高來可，低來又有何不可
休嘆世態炎涼、人生無奈
那都是人強分物我、不懂生活
故須識破——心物本一元啊
所以生命本身的存在意義
並不在於你擁有多少
而是就在此時此刻
就在這個當下的真實體驗中
那美好的愛的感受
從何而得

那就抱著你滿滿的愛
從好好地享受早餐
開始吧

第 8 首
—— 做 事

做事能訓練一個人的專注力
尤其是當你守著善意與所做之事合一
不僅能把事情做好，而且
也是在享受中聚德，相反的
若是懷著一顆不耐煩的心
或是一顆斤斤計較的心去做的事
那都沒有什麼品質
尤其是懷著惡毒之心去工作的人
那也是在痛苦中喪德

所以在表面上，做事或是工作的目的
好像是為了把事情做好
其實，是透過做事或是這個
工作機會來把自己
做好！所以，有事可做也是
很難得的自我成長

是的，不是為做事而做事
乃是要透過做事
把做人
做到最好

我喜歡做事
會很用心地投入到每一件事情中
那真是無比享受的時刻
只是這樣一來就得罪了時間
因為它也會妒忌我的幸福
所以就跑得飛快
這是時間與我結下的血海深仇
我一直都想找它算賬
卻不知道到哪個部門去告發它
或是起訴它

真是可恨啊，我一做事就幸福
一幸福，就等於在縮短我的壽命
明明才過一片刻兒嘛
怎麼一上午的時間就給「扣」掉了呢
這是什麼世道——如此黑暗
明明就一會兒啊，一看
太陽就已經落山了
真是特別冤枉啊
我這一天也沒做些啥事呀
怎麼這一天的時間就都「花」完了呢
難道是我大手大腳的原因

或是因為我太浪費?
我得找時間去算賬
怎麼就給我「扣」掉了這麼多
怎麼就不像對待那些
度日如年的人一樣待我
我恨你呀,時間!
你就是我莫奈何的
小討厭!!

小討厭呀,小討厭
你就儘管妒忌去吧
無論你怎麼趁著我忘情做事時
「克扣」我的時間
我還是會一如既往地
每天做事

第 9 首
—— 做饭

做飯是我這一天當中的
最為喜慶的時刻
因為我的靈魂與這些地球上的蔬菜們
有著前世今生的約定

所以我才會將這些蔬菜王國里的
小公主們、大小姐們娶進家門
將它們放進冰箱里
好好地安頓
並且約定每天中午與它們共同
來一場靈魂的焠鍊

就在我的電飯鍋里
有來自大東北的大米和玉米碴子
正在接受生命電火的洗禮
而在一旁的洗菜池里
有待閣閨中的蔬菜小姐姐們
在我用心配制的酵素液里
沐浴，其中
有來自造化慈悲的祝福
有來自謙忍的大地母親的賀禮
有農民伯伯們耕地時滾燙的熱情
有農民阿姨們親手種植和採摘時的余溫
還有物流和快遞小哥一站又一站
親自護送的責任

此刻，電飯鍋里的米飯
已修成了正果，我心萬分激動
便帶著熱戀的心一一將剛沐浴完畢的
蔬菜姐姐們請出洗菜池，放進漏篩
接著便以朝聖的心情
開始燒菜，為了表達我的感恩

我在廚房裡布下透明、高雅的光輝
與禮佛時的恭敬與臣服
我取聖潔無染的意境
作為裝飾, 這是我做菜時
必不可少的禮儀

當我正式打開燃氣灶點火
生命中最高潮的時刻也隨之到來
我化天然氣的火焰為
灼灼熱烈的雙眸
注視著這全然的燒菜過程
就在我廚房的炒鍋里
我還會懷著悲憫之心
選取人類萬古憂傷中的一些苦難
作為調料, 一同放進鍋里
製作出美味的佳餚

快出鍋時, 我還會加入
萬水千山的風骨和浪漫
在意象里縱情高歌
並召來高原廣闊的胸量
將那些游走的陰霾
溶解、驅散
然後供養
接下來才是我每日中午
最為神聖的就餐時間

第10首
—— 就　餐

靜下心來, 將精神意識
回收, 安住在當下
帶著愛的觀想, 將眼前的美食
籠罩。可以心念就餐詞
來點兒儀式感:
「天地鴻德興, 造化時更新
此心常恭敬, 自性體中應
萬物皆有靈, 領受需用心
飲時應感恩, 珍惜愛物命
嘎咂嚝
用餐愉快」
整個過程要不丟觀照

細嚼慢嚥, 用心品嘗
感受美食與身心結合時的美妙
若是心情不愉悅
或是感覺身體某個部位不舒服
可以一邊領受美食一邊放鬆
疏通或療癒那個部位
如果是一個人就餐
那就可以更深入去觀照

進入能量層、進到細胞裡面
去激活被埋藏在生命更深層的愛
觸摸與天地萬物一體的
境界

融入
就這樣讓美味滲透全身
一剎那接著一剎那，越來越深入
更細微地去感受那滋味
從美食之物質層移向能量層
再從能量層移向靈光層
在觀照中移動，讓主體與客體合一
此時已經沒有我了，只有存在
只有正在受用美食的那個無影無形的在
那是真正的你，要好好去體會
此時，你之意識從有形體
移向無形體
整個身心是一個能量海
在微妙中律動
神聖之光如同東方日出的意象升起
美妙的愛之靈光閃耀
思韻如雲、如花瓣兒灑落
就這樣，將整個就餐過程
變成與天地萬物
愛的分享
變成一場融進造化的
生命慶祝之盛典

第11首
—— 神 游

午餐後，養會兒神
有利於食物的消化與吸收
當然你可以午睡，也可以
玩兒玩兒如幻三摩地
你可以邀約「妄念」一起遊戲
懂得「化念」也是一種樂趣
你可以從肉體中溜出去
進入宇宙中的任意星球上去玩兒
而我卻不喜歡跑遠
就只是宅在房間里神遊
天冷就想象到一個溫暖的
空間中去度假
而這個所謂的空間，也就在
我房間的牆裡面

天氣熱時
便想象在一個冰天雪地的
時空裡面去賞雪
而這個所謂的冰雪世界，依然是在
我所住的房間里

只是這房間的空間被無限放大
而房間四面的牆也就同步配合著往後退
直至退出我的視線範圍
天花板這時變成高遠的穹空
而房間的吊燈則變成高掛空中的明月
隨即天上飄灑下潔白的雪花
這時, 空間中便出現一美麗的王子
他身著淡藍的盛裝英姿颯爽
隨即便和這些飛舞的雪花兒
一起歡舞

為了烘托氣氛
房間里的座燈還隨之化成為彩虹
而餐桌旁的兩張木凳亦隨即化成
雙雙起舞的仙鶴
其餘的家裝之飾物, 也都
紛紛化作不同形象的聖潔仙子
以及冰雪精靈
把整個冰雪之舞烘托出一次
又一次的高潮
而坐在沙發上的我, 則一邊保持著
出神的狀態, 一邊目瞪口呆地
看著眼前所幻化的一切
在感覺上, 它們竟然是那麼逼真
以至於一時讓人分不清楚
何謂真實和虛幻
有時候甚至會不由自主或下意識地

用手狠掐自己大腿的肌肉

這樣的神遊，實際就如同做白日夢
若是一時入夢太深
甚至要多次用手掐自己
才能一層空間接著一層地
醒過來——
重返人間

第12首

——聽書

在「眼耳鼻舌身」，這五官中
聽官無疑是我的寵臣
其餘四官也算盡職盡責，彼此之間
配合也很默契，幾乎沒有
爭風吃醋或是扯拐的現象
就只有眼官有時會招惹來一些小混混
借助我夜晚睡覺時，乘機佔領
視覺神經通道，甚至會堵塞部分
腦神經，這樣一來
我於早晨重返人間大腦的駕駛艙時

便會發現我的眼官所管轄的
眼精球體乾澀而
不好使

即使這樣，我也從未問責於眼官
因為我知道這些搞破壞的小混混們
也是我過去所造之業
所以就只是行方便法——
打打哈欠，把它們吆喝出去
同時，盡量派用耳官替代眼官
在人間行撿取資訊的部分工作
比如聽電子書、聽新聞
以及借手機的文字轉語音功能
將眼讀文字轉成耳聽文章
這樣確實很方便

我還會根據所聽內容
啓用不同層次的聽官功能
比如針對平常的一些資訊信息
我是用的過耳聽
也就是所謂的從左耳進右耳出
對有一定價值的內容
就稍微留意一下
沒什麼價值的，便即聽即忘
絕不消耗任何大腦的內存去
保存它們
對有一定內涵的電子書

我是配合視覺聽
即一邊聽一邊啓用視覺畫面
在想象中還原或構建出書中所描述的
場景，以及其情節內容
對於聖書、經書以及其他
經典讀物
我則是啓用三摩鉢提諦聽法

該法是於靜定中去聽
是經由定勢而使身心內在能量
得以調和而現出平等、安和的身心相
此時因已入於無分別境地
故該法能通一切定位中之所有定體
並能通於一切有心與無心之妙
故能得其要旨而領會其真意
並因耳根自帶圓聽功德
故透過它便能通達智慧峰頂
而且不管是走大路，還是
攀延陡峭的小路
一路上也都可以欣賞到不同的
風景，而領受得生命不同之
迷人韻味

透過這樣的諦聽法
讓我學到了很多、很多……
生命演變的妙趣，逶迤的道路
能量振動產生的不同的樂韻
包括時間和空間，也都能給人帶來
非常法喜之
不同生命體驗。比如
一些能量會振動成
各色美妙的花
一些能量又會振動成各種
華美的樹；而另一些能量又會
振動成各種晶瑩剔透的網，以及
萬萬千千不同的生命質態
而所有這一切不同的能量振動
又都會以各自不同的形式
朝我
灌頂

第13首
——刷 機

我刷機娛樂的經歷
主要就體現在抖音和快手
這兩款娛樂軟件上
最先是刷抖音
但一開始聽別人說起刷抖音時
我卻不知「抖音」是啥
也沒興趣去瞭解
直到一次回老家，才發現村裡人
幾乎男女老少都在玩抖音
尤其是坐在我身旁的堂哥
對著那「抖音」幾乎笑到
人仰馬翻

這下才引起我的好奇
這個「抖音」到底是個什麼玩意兒
竟然能讓這些大字不識幾個的農人
玩兒得如此開心
我於是馬上也下載了一個抖音
將其安裝在手機里
開始玩兒起來

既然已經將它落戶到我手機里了
自然就要瞭解一下它的身世
首先是問它爹媽為何會給它取這個
叫「抖音」的名字
它自我介紹說:我是曲顫動的妙音
是由字節跳動孵化的
音樂短視社交寶貝
我取悅你的方式有兩種
一種是我為你提供娛樂
另一種是你自己動手
自娛自樂

所以在抖音中,音樂只是襯托
才藝表演才是主角
在上面可以看到各種各樣的舞姿
無論是騷首弄姿的很正規,還是
像模像樣的很不正規
以及多種多樣的風土人情
還有各種奇葩的搞笑
以及各裁剪大神的奇葩之作
所帶來的視覺衝擊感
也都很吸引人,一旦沾上它
便讓你欲罷不能
於是,有一段時間
我也是一有空閒就會點開它

只是我骨子裡喜新厭舊的老毛病

突然間就犯了
它在我手機里才安頓下來不久
我就含蓄地，且也有點兒慚愧地
將其請出我的手機
接下來又聽身邊人說什麼
「南抖音，北快手，智障界的兩泰斗」
說快手也是很火很火
於是衝著「做事迅速而靈敏」的
快手本意，也隨即將其
下載到我的手機里
並正式批准它在我的手機里落了戶
似乎這一次我給了它
不同於抖音的待遇
有事沒事地就點開它，刷刷刷……

感覺與抖音相比
它似乎更能揣摩我到底喜歡什麼
於是有相當一段時間
我都被其精准推薦的動漫圖片
所吸引。所以在那一段熱戀期
我與快手的感情相當不錯
這期間除了看圖片、看圖片……
偶爾也會進到別人的直播間里
去聽人家嘮嗑
而萬萬沒想到的是
雖然它有那麼多精美的動漫圖片
不斷向我推薦

但我喜新厭舊的老毛病還是犯了
於是又很不好意思地
把它也請出了我的手機
……
看來我這喜新厭舊的
毛病啊，還真是
沒法治了

第14首
—— 散步

一隻身材嬌小的豆娘
在小區公園的草坪上棲息
這公園不算大
但估計耗盡它一生的時間
也難賞盡這公園的所有
更不可能從它的角度窺見出
這公園的全貌
而我之真身往前移動的距離
卻不是以星球記，乃是
從一個星系跨越到另一個星系
但是就我所居住的世界而言
其實，也和這隻身材嬌小的豆娘

一模一樣，即使是
用盡我無量壽的時間，也難跨越出
這個宇宙，從而窺見
這浩瀚蒼穹的全貌

而介於這兩者之間的
則是我在人間的存在形式
傍晚時分出去散步
我這具肉身所移動的距離
那是以公分來記，我的身體每往前
邁一步的距離也就
大約65公分左右
所以和真身的視角相比
從這肉身的視角所見之風景
自然和真身角度所見的風景不一樣
同樣，從我肉身的角度
和眼前這只嬌小豆娘的角度
所見的風景也大不一樣
於是，我便從中得到啓發
進而開啓了與往常不一樣的
散步體驗

就我在人間
所居住的這個小區而言
眼前的這些綠色植物所構建出的風景
你換個角度去看
馬上就大不一樣了，比如

就眼前的這一片大葉火桐樹而言
就這一片與之比鄰的報春蘭而言
就這一片桃葉珊瑚而言
就這一片與之比鄰的錦熟黃楊而言
就這一片蘭嶼加而言
就這一片與之比鄰的沼生水馬齒而言
就這一片丁桐皮而言
就這一片與之比鄰的鳳尾竹而言
以及這一片緊挨著那一片的
山茶花、迎春花、紅枝蒲桃等
以及這邊一片接著一片的
東瀛珊瑚、扁竹蘭、山玉蘭、皂莢樹等
以及那一邊的海桐、銀邊草、金森女貞、毬花含笑等等等……
這一片緊鄰著一片的綠植
你若把自己的身軀
在想象中縮小，縮小到
與這只漂亮的豆娘一樣的大小時
那將會是怎樣新奇的體驗呢？

你不妨試著從這個角度
去小區里、去公園裡走一走
這絕對會成為你與往常不一樣的
體驗；如果在這一天中的
某些時刻，你心中恰好有某些郁積
那麼這樣的散步，一定會幫到你
也許就這樣換個角度去看、去體驗

可能「嘩啦」的一瞬間，你就釋然了
有些無法向人去訴說的隱痛
即刻也就分解或稀釋到
另一個更大的空間中去了
站在這樣的視角去看
你會發現
生命是那麼壯觀、那麼美好
同時，又是那麼的新奇
針對於這人間的
那一點兒利益紛擾
又算得上什麼呢？

第15首
——觀影

你看這些螢幕上的人物
還真是活靈活現的啊
但你知道——他們是虛幻的
是從投影源
投射到屏幕上來的
可是，儘管人明明知道
那是假的
坐在屏幕前觀影的人兒

卻照樣哭得稀裡嘩啦的

這電影中人的故事
是圍繞著其人物的志向或是慾望
或是願望，以及其所面臨的
矛盾衝突來展開的
而現實中人的故事
又何嘗不是這樣來
展開的呢？所謂電影中人物的志向
就是看他想要在劇情中
達成什麼？而其慾望或願望
則是看他在劇情的活動中
想要獲得是什麼？諸如
愛情、金錢、名聲
抑或是為了報仇
抑或是為了如何改變認知
以走出他內心的困境
而在現實中的人
其活著的目的或是動力
又何嘗不是一樣的呢？

但凡是賣座的電影
也都是在上演一個能與現實
產生共鳴的故事
那麼電影中的人物
所面臨的問題又何嘗不是
現實中的人，可能會面臨的一些

問題呢?所以故事中的人物角色
就是問題的不同角度的
演繹者,而其本身又往往只能
看見問題的某一面向
因此便有不同的理解和認知
從而產生出各種碰撞
並隨著其人物捍衛自己認知的正確性
而令矛盾不斷激化

而現實中一些人的悲慘故事
不也都是因其自以為是的
知見固化、所導致
或所感召而來的人生
遭遇嗎?那麼誰又能
看見或預知其「命運」推進的
整體進程呢?當然是自我認知
歸零的那些處於局外的
觀者!所以
只要你當下還與「自我」認同
那就意味著你還有身份、有角色
還有未了結的人生劇情
以及一波接一波——
將要繼續的
人生輪回

可見,你只要還放不下
自我的知見

你便處於問題的某一角度中
那麼作為入戲的「演員」
你就只能遵循「導演」的指令
或是被劇情推著走
從而無法走到戲外——
修改你的人生劇本
可見，你在當下所面臨的
問題與煩惱
也都是在提醒——
你
迷失在知見中了

那麼
毫無疑問的——
生命欲圖跳出苦海或輪回的
終極解決之道
那便是透過明理而
覺醒

第16首
—— 洗漱

這具肉身載著我在人間
就即將完成——
今日之一日游
所以在晚睡之前
我要對其四肢百骸作適當的
清洗和保養，以待
來日之用
這一日常活動就名曰：洗漱
可簡可繁
可視具體情況
自裁

就一般而言
這一睡前「洗漱」的項目
包含三個子項：
分為水洗、氣洗和神洗
其一是水洗——以除塵垢
是用毛巾＋洗滌劑＋清水
清洗臉部及四肢皮表裸露部位的
塵埃和污穢，包括睡前刷牙

也在其中

其二是氣洗——以通皮里
這是以意導氣疏通
以清洗掛在四肢骨架上的筋肉
氣洗時，四肢要配合
做舒緩運動
以便進一步「暢通」經絡
然後，再帶著掛在經絡上的肌肉一起
做微振動。做這個步驟時
可以配合打哈欠
以清理體內、各大器官
以及臟腑內之濁氣
可以配合扭動身體，也可以作
任何美觀或非美觀的姿勢
以配合氣機帶動身體肌肉顫動
這樣便能助力
清排體內陰晦之氣

其三是神洗、以淨骸髓
因一切背後均存在著永恆的道
所以身體內亦有道之行宮
故人體亦謂身宮
在身宮最底層有恆常不變之道
寂瑞神光瀰漫在「宮」內
如如然然，非常美妙
若你能行高品質之心法

便可聯通並受用
這層幽冥之
玄體

這是睡前洗漱之第三步驟
你可以在收拾妥當後躺到床上去
操作這一環節
就這樣舒舒服服進入神洗
順著你內在通往大道的心靈神光
慢慢進入身體之更細微、更深處
這樣的「洗漱」可以
滌淨、轉化人之七情六慾
這樣的「洗漱」還可以帶你
進入到很深、很深的層次
一直穿越到永無止境的深度
直至將其心智擴展至
被神光所籠罩、瀰漫一切之道體
你若能用一顆無比純粹、無比
聖潔的心去進行
那麼,這樣的「洗漱」還能帶你
融入到浩瀚無窮的宇宙中去
在寂寂大光明中
沐浴

第17首
——泡腳

泡腳，不僅能促進皮膚血液循環
加速毒素排泄、減少血液粘稠度
而且還能活躍腎經氣血
對治頭痛、眩暈、眼花
以及咽喉痛、舌乾、失音
包括大小便不利
以及小兒驚風、足心熱、癲疾
霍亂抽搐、昏厥等
均有助療的效用

泡腳時，若能同時作意於此穴
更能通經導氣、固本培元和散熱生津
可使腎精充盈、精力充沛
以資耳聰目明
配合深長呼吸以導氣
對腰膝酸軟等有當下恢復之奇效
就是一般的泡腳
也能起到擴張血管的作用
若是配合作用於四肢百骸之冥想
便能增強「自律神經」功能

因該「自律系統」管轄著
身體的心率搏動、血壓、消化
呼吸速率、瞳孔反應
其中包括排尿，以及性反應
和新陳代謝等等……
故配合前面《洗漱》篇所言
「氣洗」和「神洗」之法
不僅對滋腎、瀉熱、降逆有奇效
對治失眠、目眩、咯血等病症
亦有奇效
按摩湧泉穴本來就有
開竅蘇厥等等功效
若是再配合我所言之「心法」
豈不是作用效果
更佳

所以
泡腳時，你可以閉目觀想
氣機從湧泉穴沿足少陰腎經
裊娜而起，如同暖火
蔓延、舒展、遍滿全身……
那感覺熱烈而細膩
猶如火焰之神用她炙熱的手指
撫摸你清涼的身洲
那風情神秘而醉人
就猶如夢幻女神在月下輕舞的柔肢
呼喚你久違的浪漫

那體驗美妙而滋潤
就猶如愛的女神從荷蓮中浴出
用她柔軟濕潤的舌親吻你的唇
那內心顫動的溫柔
更激蕩著
你的血

第18首
——入睡

一天結束了
我也將慢慢蛻出身體
遁入我生命的內核
在隱去之前，我會讓身體以
最舒服的姿勢躺下
然後，繼續調理身心以
安和百骸
然後再逐漸抽離
返回生命的
本源

那是真正的老家
那裡——恆常寂樂，無有憂撓

更無這人間世態之厲害
計較與機心相煎
真可謂
冥微之地，太和悠闊悉
太初元始，妙趣隨演繼
玉宇閣殿，殊勝莊嚴密
仙山瓊廊，詩情寫畫意
富麗華美難表一
無以窮盡其美麗
耕身在人間
應參大道秘

這是透過「入睡」
進入事物的內層
那是被幻象包圍的最核心
也是一切生命質態之最本質層
迷失在世間的人
那是被知見的煙霧覆了真心
因此痴迷於利益
墮落於虛假的甜蜜
純真被拋棄
苦澀成所依

同時，在這人間也同樣
隱藏著跳出苦海的路徑
就只看你願不願意
去尋覓

而我在找尋之前也一度
被這世間的幻象所麻痹
流連於事物的表層
浮淺地理解所謂生命
與人活著的意義
而今才從中發現
道法無所不在
其中這天地大道的奧秘
也同樣隱藏在
睡眠里

後记：

實際上這18首組詩所記錄的
就只是我其中一天24小時中
在人間活動的身心體驗
所以那體驗並沒有一刻是相同的
也絕無固定的程序
新的一天開始，又是一個全新的我出現
卯起打坐時，遁入三摩地

隨後，其靈又成陽神於幽冥中起
其所暢遊的三千大千世界亦不同
故每次「打坐」時的體驗也不一樣
辰起「活動」時的身心狀態亦全然刷新
自不可能成往日的重復
「如廁、刷牙、淨面、拖地」……
皆是不一樣的詩情畫意
「早餐」又是新的供養
隨後的「做事」，也同樣
又是另一種全新的美妙
午時的「做飯」是為準備
更為盛情的款待
中午的「就餐」也是全新的生命慶典
隨後的「神遊」更是難以言喻
下午或「做事」或「聽書」或「刷機」
也真沒有一剎那的體驗一樣
黃昏時「散步」是在新的世界里觀光
晚間的「觀影」自是不同
睡前的「洗漱或泡腳」
又是全新的淨化與祭奠
子時的「入睡」即是遁入涅槃
然後於第二天又隨因緣來人間
一年365天
實際就是全新的365次人間造訪
可見來在人間，同樣很精彩
所以，我很滿足
也很感恩

修習與果證

修煉●得放下●自我
美心●美意●美言●美行
悠悠●哉哉●活脫脫
慈祥●慈悲●樂呵呵
嘎咂●卟噠●嘶哈嚝
法●性●恆●循
了●凡●四●訓
圓●通●美●妙
愛●樂●光●照
得法●開智●轉念
學法●明理●消業
悟道●修心●從善
清靜●禪定●臻美
明因●解惡●聚善●匯福
迷者●悟者●覺者●大覺者
養欲●養氣●養情
養心●養愛●養神
離苦●得樂●歸真
我在●見證●奇跡

修煉●得放下●自我

按語：當我與本源性，甚至是與牆壁或泥土或石頭等物溝通時，那感覺是何等的善意、自在與美妙啊！

有時，哪怕就僅是半瞬間的一個照面，彼此之間所交換的信息竟也是那樣的豐盛、豐滿與飽足，以及那無以盡言的意味深長的內韻……

而當我不得不用人的語言和人作交流或溝通時，卻無論如何也找不到那種令人感到滿足的、輝煌的大愛與飽滿的慈悲，以及那種灝淼深遠的詩意……

而有些時候，我或感覺被逼得喘不過氣來的，又恰是人那些個自我的頑固、愚昧的蒼白與膚淺的貧乏……

故而寄此詩句，或提示被後天觀念阻障的親們，小心看好你在後天形成的自我，或注意規正其身份或優化或使其同化，以作最後的安置……

修煉

紅塵濁染如何脫
王者歸來自在樂
悟空悟能與悟淨
各歸本位就無錯
若悟息機得此秘
無量我身悉收穫
返本還源觀自在
稔滿乾坤眾生多
灝洪穹宇品類繁
生死去來波接波
風塵大千本如是
何來解縛度真我
一朝戲罷入玄機
無債身輕各了各

得放下

光耀大千无尽美
为何独自寄情家
不忍寻根追底
莺歌燕舞欲管辖
鱼游蝶戏与藻葩
春心几度花
羅辔丝丝玉美暇
裁剪不易墮浮華

名利財氣欲皆是鎖
貪痴成醉蝦

一片酸心入雲家
誓別人生迷峽
欲消停
卻叫魔力惑眼瞎
一體分二身
邁步難躍跨
細察乾坤萬千成就與功名
多是愚痴縛索枷
雲何得解脫?
叩問洪微皆回答:
得放下呀,
得放下!!

自我

(一)

恆態悲慈內外濟
三體通透甘露溢
移步性宮透心爽
姣姿裊嫋芳魂依
曉寒初結玉露瓊
黛山解得深刻意
花開花落隨緣去

寒暑不侵陰陽易
自我無漏合元神
主宰大身混元體

（二）

包羅萬象妙高天
太始元道顯真機
九轉洪微自滿圓
周天搖動乾坤椅
慧性之光遍廈宇
內養嬰兒戲天地
寄望乾坤時化變
大愛一體常演繹
自我翻身九天去
真我常隱風景寂

美心●美意●美言 ●美行

美心

美潔心
圓滿態
謙濟甘露合自在
心神遂達無間霾
二元合力肅
顯匿相謀運陰陽
帝坐無懈怠
蓮戲水
丁公在
蓮台坐子自呈祥
心島花開天地泰
深妙瓊璇愷
萬紫千霞雲衣毸
美心除稗艿

美意

花影行空意惺惺

幻世形隱一真心
慈悲光照玄珠景
神恩濟養萬千形
意好分別成間隙
竟將魔佛強疏親
驚弦聲斷燕墜地
意馬心猿自擾根
悟空洗卻萬斛塵
妄念無存身欲清
九候息調除惡盡
乾坤蛋丸山河新

美言

莫道蔥花意
揣摩是非多
身清語淨意螺陀
隨時隨地慈悲沐
美言隨機啓
春暖秋豐碩
誠信養口碑
真言寄思索
無求無攀不花語
言詞自美嗩
爛舌根...
戒妄語...

玉穹灝漫無對錯
是誰樂道他人是非過
應合天地同道果
降我欲窟莽公牛
淨口修心不用說

美行

是誰硬將粒粒菩提子
化成了情絲揪心索
痴於相知相戀亦相思
只怨他人負我錯
要死又要活
細斟酌
欲海情波難醒覺
順時歡笑逆時悲
正負各教唆
煙雲浮華令人墮
靜心常思己過
身清寡欲活
莫隨貪欲去惹禍

悠悠●哉哉●活脱脱

悠悠

悠悠一身舟，隨順因緣逛
安住於當下，水波任蕩漾
趣起駕舟游，櫓搖去四方
驚動萬千游魚忙
善惡一同上

哎呀我的娘，結果怎麼樣
我若心不動，自然無所傷

凡夫活顛倒
得意時驕傲，失意時氣喪
垂楊飛絮降，花暮春打烊
問君何愁緒？所行事不吉
有時身舟還患疾
時運真不濟
深問分明意，只是舊記憶
遇此因緣事
皆是無明造作之

登高望荒外
眾生皆缺愛
海眾新生皆道好無奈
此情此景不用猜
若能入空性
必然大自在

哉哉

哉哉集陣聲, 驚嘆語氣詞
茂林修竹語, 和弦共鳴喜
琴棋書畫藝, 有韻各成趣
志雅起詠歌, 詩經真義續
飛燕呢喃戲, 暖暖心兒泣
淼淼流水情, 淺淺黛妝新
風送春入懷, 更見百花開
丫丫受不了, 滋滋誠最愛

活脫脫

活活脫脫一真我
神光萬境濯
小我溶身太虛坐
宇宙大身恆常樂
世事悠然闊

浮塵小我分別多
不入是非自在活

芸芸眾生你我他
何故紛爭自縛枷
冉冉時光怎虛度
自造煩惱無盡數
忘記回家路
又該如何渡

應知大千世界一心化
眾生同源是一家
看破放下心境佳
霞光道道出，生機盎然殊
碧澗清泉渚
日麗風搖花蕊舞
解脫超脫逍遙主

慈祥●慈悲●樂呵呵

慈祥

慈祥顏濟瑞光親
沐浴寰宇天地新
巍巍萬里河山廣
碧宇華殿雲水擎
小我藏芥漏心起
妄影游出真心應
自銷粗漏襯美柔
變化綃紋載舞韻
祥和滿美運中道
妙心自鑒洪穹景
滿魄陰陽化形精
仙身妙美神氣清

慈悲

千瓣蓮花開
四大共濟愛

形魄合同心
橫豎得自在
神形遊仙界
光照身內外
慈悲常沐浴
萬象同此態

樂呵呵

浩瀚新奇光茫照
深廣妙趣無盡浩
造化工夫從性演
形品美醜隨業報
樂山樂水樂不淫
大小高低各自搖
江海雲濤慈悲濟
妙高峰頂誠信邀
萬轉千回得隨心
乾坤大舞神氣耀
真我虛心化大千
其樂融融實在妙

嘎咂●卟噠●嘶哈嚝

嘎咂

嘎咂映空靈，圓深本體明
斯是萬能者，無名亦無姓
一切之源頭，最廣最包容
空有本不二，存有非存有
合一大境界，獨一永不朽
又雲宇宙識，演化永無休
雲何說得清，語言難究竟
能化是性空，吾道嘎咂嚝

卟噠

卟噠一念動，眾生齊湧出
內在與外在，乾坤無盡數
恆常一動因，缺之無一物
斯是純覺性，化身最無盡
意識化黑暗，再化現光明
璀璨一寶珠，即是光中光
合之心神喜，自主大聖王

愚昧或聰明，煩惱或菩提
能觀和所觀，誰解其中秘
分化和合一，同步在演戲

嘶哈嚝

我道嘶哈嚒，智慧最周全
菩薩善慧地，唯修智滿圓
解脫得自在，自我化成愛
自此無煩惱，心島花盛開
混沌開基業，能量一氣聚
天道有法則，倫常有秩序
微觀或宏觀，同受大圓滿
極樂在當下，最要用心參

法●性●恆●循

法

一切法之妙
即在本心體
體宗用別法
同悟本尊意
合此體性即謂修煉秘
覺者亦以此智為上密
或雲自覺與普大光明海
本同無差異

若論義用之分
諸聖分證細
萬千方便趣
正是諸佛果海本源體
群生實際所依
亦同一真如妙心地
聖智照大千，大覺圓證此身密
亦是正法大道所藏秘
一體觀照即真我
即謂天上天下唯一獨尊大本覺

故合高真運妙有
證此大覺始不朽

再注：
為何難制心魔氣，只因未滅心中欲
說除人心去執著，用心得當總依稀
法理若明妄念去，邪魔消隱祥瑞濟
翠碧嵌空浮光影，道法成用顯妙意
真我若顯塵欲淨，身在紅塵心亦寂

性

天地大輪盤
放眼四方看
不可思議兮大千境
眼呈妙相煥
展臂三千里
法輪兩掌轉
真陽發動漫天地
如沐玉泉能量歡
斯析喧囂亂塵煙
原是人心變撒旦
世人無知迷自性
錯戀浮雲眼眚幻

吃盡苦頭欲出局
卻被紅塵欲阻攔
整日無辜責翳影
罔窮雜念意識亂
疢病盲惑日中影
勞神思役絆
喪力捐功瞎忙碌
猶如大海冰山投火炭
豈知禍患皆是身有漏
所以麻煩才不斷
若是修煉用對了心
法性自會解魔難

恆

恆常大道化天地
運載妙宇自性力
德化功成從心演
國功開道萬眾依
悲濟洪宇河山秀
時運大功洗內溪
全開寶慧斷迷茫
本尊位正妄心息
功令乾坤顯秩序
大用合道人心憩
夷道幻真相繼演

錯落群峻同一氣
法成大宇功隨行
千般妙化恆如意

循

本源自利大智興
慈起無緣濟德恩
無比無儔獨美善
同體妙化隨緣心
利鈍齊觀天眼高
冤親共成善性迎
高功運載大穹宇
大愛無疆同心印
大小高低皆自美
寬窄厚薄互襯映
廣施妙樂美高潔
百苦皆收大願行
無我利他真正妙
離地高爽沐芳馨

了●凡●四●訓

了

從子無臂一了字
小篆孺嬰束臂翼
與母相依同子息
子嬰無臂肉體寄
大徹大悟謂了悟
了了通達樂美殊
了賬心清得解脫
身命歸元把眾渡

凡

凡象造器一模具
思識有規謂邏輯
凡此凡常凡同淺
凡身凡骨不神仙

四

四字為數三加一
四大成身宇宙體
四體四序八節氣
四行和美慈悲濟

備注

四大：地、水、火、風，指人身；道家則以道、天、地、人為四大；

四體：指人的四肢

四序：即四時

八節氣：指春、夏、秋、冬四季之立春、立夏、立秋、立冬、春分、秋分、夏至、冬至

四行：四種德行：仁、義、禮、智或孝、忠、信、悌，內容隨文而異

訓

訓字從言從川聲
川內通達一河流
兩岸慧護即邊徼
從言說道演妙有

愛●樂●光●照

（荷花放美）

愛

光愛驅陰晦
親親柔依樂美惠
雙影共陶然
怨恨成小狂氣墜
若問無量我身更是誰
虎狼相吞亦我成食餵
何人查清合秘闈
鴛行鷺宿雙醉暖羅帷
若問古今情意竟若何
痴情愛恨亦復如流水
牧放千載心神何依皈
圓滿回家真愛隨
循復依舊風景美
愛道幻身坐雲堆
真我放羊化你我
大愛俄頃遍地穗

樂

人生快樂何處找
外求必定得不到
酒色財氣迷不得
心浮氣燥更不妙
試問生命怎可靠
修身積德最重要
隨緣順因輕鬆過
百年功成自作保
有道有德上雲霄
享受仙福真是好
無道無德入地門
罪業滿身遭惡報
紅塵欲流湍得急
欲得常樂須得道
內境和諧自美嬌
心島花開呵呵笑
得道之人慾望淡
上天入地自逍遙

光

本心大體著彩妝
被上豪塵日月光
六根依託合無常
自仗豪力由來鄉
迷眾玄覽無識趣
故難斯析究真章
性光本體自圓明
隨流加染亦不髒
光體遍照無幽矚
大愛循循濟萬邦
光啊光……
內發真我本無相
宇宙本源濟芳香
毗廬閣榻雲霧蔓
只是情執助惑張
蕩盡妄念合天真
遊戲大身自徜徉
熔消自我用本體
必現大光破迷障
返流除染亦非淨
密契圓通自呈祥

照

赤黑無常照應機
周行大千總相依
大千世界聖境麗
眾生無量慈光濟
登高觀妙演，虛空星斗移
靜參秘密意，本心載遊戲
清淨法身寂，宏微互照濟
平復合家齊，福祿壽喜吉
精進上雲梯
德高喜神依
回望處
玲瓏心島正花季
性照如泉蜜
靜觀照
小我添亂只因迷
故推業身下沈底
清靜智慧甘若飴
玄關時罩體
沙僧化金身
八戒和身喜
自樂悲海寂
伸縮自如意

圓●通●美●妙

圓

灝宇旋珠掛天幕
縈縈繞繞陰陽移
輕推神力顯陽剛
妙轉美姿化溫柔
合道運真我
假我人心熄
神我自在樂逍遙
上天入地隨意嬉
放開手足大乾坤
心思縮卷藏於密
育火養福田
滿圓悲慈時養濟
歲月移
圓度春秋顯神奇

通

久居闇蔽不見真

得法修心出欲坑
入髓沈痾得療癒
法成功行即是神
纏內心珠得釋放
慈悲救渡賜惠恩
智慧火焰熏物我
不畏魔苦煉金身
大智正覺即慧劍
解理迷網脫紅塵
正念強如金鋼刃
斬斷情擾化糾紛
盤根固見得溶解
大道護我天地行
通天澈地淨本體
法通頂底道力深
常入道中合心聲
必定同化妙法身

美

善性甘甜美在中
圓光妙顯更無窮
瓊露醴泉匪外性
無邊性海成美用
芳姿妙形美詠濟
天地大美秀慧聰
美姬美色美姣眷

劭俊彩華德才隆
慧性光釋濟名相
顧眄萬象妙心通
萬物咸歸一真海
珍美百味亦相融

妙

真善美妙
神生更奇妙
斯析大千內妙
體證不可思議妙
察紅塵戲演生命妙
思其未見以玄少得妙
觀層宇繁華周濟無窮妙
妙彩妙秀妙香麗以妙契妙
妙思妙緒妙用之妙趣橫生妙
賜不知者得未知之不可見妙
為未聞者演未聞之圓聞妙
鑒一道清虛之不可言妙
未解之無解更藏大妙
簡流陋曲亦無常妙
一詠一韻神樂妙
幽懷暢續情妙
合道心神妙
空性最妙

得法●開智●轉念

得法

末劫大道洪
迷中誰能識
一朝得法往上修
十方世界齊賀喜
高山闊海共誦吟
合道方順轉如意
心靜無思必得真妙趣
諸心皈依法
廣證妙宗秘
無私無我方知何由心念起
圓明瞭知填漏除惡習
已然妙用不偏激
無礙性光濟天地
若證諸身大無礙
十門玄通亦和氣
去取之情始棄

開智

欲證大法無盡秘
更待意空無漣漪
心猿意馬即周遮
揚眉動目早偏移
心無執著甘露沐
大千繁廣常遊戲
智同日光照大千
風雲妙動風景移
眾生根基各不等
樂欲非同趣各異
五行變化妙横生
心神合道隨緣立
萬類相逢不言語
十方諸佛證果異
群生善惡似不容
得法開智亦不齊
一性應緣成名相
同心異影慈悲濟

轉念

孤陰不成眾生好
寡陽難舉社稷廟
一彩不繪大千景

單音難奏美吟謠
枯榮循循天地美
貧陋難成宇穹浩
眾生本是一整體
誰能獨步人生道
外尋難覓上天梯
轉內修心方見妙
為私為我添煩惱
轉念為他才最高

學法●明理●消業

學法

慈沐河山綠
敬心純腑邑
學法開智慧
頓受高天福祿濟
轉念除妄明悟正法理
舒捲自在意
用功不在求詮析
唯合經精義
不斷純心無所欲
求心即是陰雲翳
善辨邪法非爭議
靜觀而得妙趣
無念心空寂
不求純美喜樂溢
正信而正行
尊道行果而達妙善地

明理

衝虛粹妙一心宗
炳煥靈妙通
十方世界性空炯
祖庭法性功
旋一寶而天地動
無里無外成妙用
風行電卷一勳洗
廣濟寒生正法洪
禪苑麟龍鳳
眾生差異同
不迷春情暖
無厭冰寒凍
若悟妙心得此宗
天上天下悉相融
眾身時靜亦時動
本尊寂然空
六慾雲何控
明理自然懂
若悟心無別
必合大神通

備注：

大道正法理，眾生若真明其精義意，必若膏肓之疾者突遇大神醫；若口言明白而放不下，實未真明理；如此之輩，必是觀念坐了身主。若是一朝坐正而回首望，實若迷瞎者之見光明，必恍然而大悟。

至此，無迷亦無執著。

如實而必見萬王之真慈父。

消業

情彩迷幻欲愛誘
昧痴妄動罪孽生
念念圓明自業淨
時勤深挖禍患根
性光照體蓮花開
心念契合即見真
明達開心合本體
慈祥慈悲心念正
山身美潔瑞光濟
悠哉活脫正氣騰
巧演神功坐大寂
執掌金輪旋空升
紫霄帝坐乾坤正
愛濟大體功自成

悟道●修心●從善

悟道

忘羊夢醒悟天道
靜參密羅囊中寶
頓漸無殊參禪妙
眼前雲身自性保
本心立塵相安住
如鏡現像根身皎
隨想成差雲見解
妄心惑由蔽真奧
識浪相續即欲海
狂情周遮入夢宵
沈迷六道怎解脫
正覺靈明光彩照
憎愛不等正見解
回光神濟開心竅
慈悲化業意消融
悟道歸真方是了

修心

洪大天宇法安排
眾生無量各差異
意念雲起演大千
眾生忘本以入戲
慾望縛身不如意
貪嗔痴慢招魔翳
苦不堪言哀怨急
多災多難坎坷極
若能醒悟向內修
自得洪力除塵疫
身陷迷塵多風險
同化大道見內喜
滋滋甘露沐心田
修心斷欲行功秘

从善

善性含真又含美
啓演妙用大千境
真如世界恆常應
紅塵入戲化幻影
本我清淨映因緣
恩恩怨怨催得緊
看破放下為上智

證果了緣合道行
一念圓修見真善
克證有異合同心
千般熏熾煉金體
脫凡入聖一身輕
秉持慈悲制邪魔
洞本窮細究根因

清靜●禪定●臻美

清靜

根性法演成所見
物相形色合緣心
心不自心緣色故
色不自色隨心生
高德修士何故迷
只緣觀念障本性
見聞覺知何離法
知見為本即惑因
頭腦分別演幻苦
智屈本心自困行
何止分別是非多
破相可知心性本
無心合契俗身淨
覺合諸相即本尊
本源心地何處覓
清靜實為入道門

禪定

雲佛訓秘多
靜定塵埃落
來去無礙即解脫
乘我如意身
逍遙又快活
悟空悟能起大用
治癒小我無茫惑
自達諸法實相本
不著世塵自依託
稽首長空無礙無牽絆
無私無欲心量闊
合道空寂行
即無不正、一切所為超對錯
種智而入自妙美
自合心性圓通大明覺
一切性相義
自在妙心果
入禪合真性
頓見森羅萬象皆是我

臻美

大美氣清虛
斯質含真善
心靜最能消業惱
洗盡浮塵腥穢散
貪痴癲慢斷
妄智隨空散
金身成妙用
包羅萬象瀚
大道恆安常定入涅槃
修為深厚屏除躁氣渙
真常之相平平淡
似無所有藏金鑽
本心念動轉如意
神府洞天遍地燦
同根共榮濟
恆常極樂伴

明因●解惡●聚善●匯福

明因

忿惱嫌恨
妒忌他生
必失道之安樂境
追名逐利必脫慈心善性
純愛誠心懷謙敬意
看破放下乃修行
惡氣漫身卻妄圖高登
必受業魔欲控

善者無安
道德無存
禍起而天下不寧
皆緣於私慾之情
若無求無攀必合真道
得入法之等平

諸惡莫作

明因而眾善奉行
必得好報應

解惡

一切眾生共本體
正負相伴無止息
唯是了因斯所了
來應去靜無所求
心意攜扶有靈犀
慈依慧伴心惜惜
因生果生困幽囚
修心聚善解煩憂
內悟完整無所缺
偏好興趣一並休
因之所生孰何奈
如如不動觀照在

善聚

千華亂空為飽目
正邪交互人世苦
恆沙生滅皆流影
物欲迷真狂心出
除妄修真斷惡欲

病藥同捨是正路
神通化用本心成
點鐵成金妙神符
妄心安歇是菩提
境隨心轉自作主
執著無存光明住
轉凡成聖慈悲度
或起清波競樂事
聚善成報享福祿

注:有大德雲修福、行功德之秘,實在聚善成福果,又言行萬千好,不若守一恆善心。同樣,改刷因果的訣竅,亦是以調心念為主,若失此根本而整日忙於放生、造寺或搞慈善活動等,亦不及此處所言之妙,實揭「行善之作而不集」之因由。

雲何不集?因人平素之念尚存諸如:嫉妒、嗔恚、驕慢、邪見等,這些心念自會反聚惡業,從而抵消之前所做之善德佈施。

滙福

善法從心演
無量義趣現
空淨洩粗漏
獨一不枯倦

無盡妙化填蒼宇
眷屬從生美福誕
千性萬味和睦處
乾坤命滿合神歡
眾彩成其繡
同純妙美繁
邊表融通法性周
大穹類品最浩瀚
佛道神人合同體
諸門普會性宗煥
眾寶共映襯
德廣匯福深

迷者●悟者●覺者●大覺者

迷者

真慈性漏墮塵堆
自我分別論是非
執名徇相毀正覺
妄識迷心慧眼頹
自私自利慾火燧
積滯情塵八風摧
匍匐九幽染塵穢
縻業之苦受輪回
觀念制約真我寐
怎得解脫把家歸

悟者

窮微究末悟根本
寶中覓寶存鑽金
大寶春池仔細找
心霧散盡方見真

芳中除污得意淨
華里煉寶靈瑞生
主中聖王靜觀照
神光霽濟脫凡塵
看破放下樂呵呵
時空廣淼慧德行

覺者

絕名相端末
正照乾坤國
佛心合天地
慈悲度小我
小天觀妙演
如如法身坐
萬勝境多秘
輪回如虛波
無縛自無脫
幻中見真我

大覺者

本體是真源
大覺澄寂觀
自性清淨圓明體
湛湛清清光燦燦
能所無跡成身千億萬
不一不異萬象含
成相離相難思議
妙心立趣無盡瀚
聖智證道返
合一慧光誕
不生不滅無增亦無減
非有非無甚稀罕
淼淼形名歸元始
見分相分亦消散
本覺遍萬有
靜把眾生看

養欲●養氣●養情

養欲

趣禪對機要，攀求失神妙
不急不徐澆，矛盾自然消
妄起即離真，丟落自在心
患得或患失，如是心不靜
此病何藥解，歸真可和愷
合煉陰陽器，養欲亦開泰

養氣

意味深長伉
恆常濟神芳
意動離故鄉
靜養洗心窗
禪悅勿動氣
一動心便慌
是誰在著急

心又何故傷
氣息和順者
心平自美漾
生活本多姿
嚴肅亦是死
除卻煩惱氣
合道心欲息

養情

潑潑生機飲
情節自相應
情花空谷開
圓潤舒緩靜
心亂亦思刑
聞道方得醒
生命本豐盛
體驗真幸福
成長綜合路
活泛莫成枯
包容對立面
享受雷霆宴
生活品悠閒
養情是關鍵

養心●養愛●養神

（心美愛慈神雋）

養心

何作祖心誠可依
頓漸妙通孰可取
離心求法即大非
知見擾心橫生悲
覺者善巧演道機
高登獨步心性梯
養心佳釀若為酬
必勝廣見變匪寇

養愛

愛慈花開勤祝禱
磨礪心性如熟稻
調和陰陽入法妙
境智融通花自俏
渴望何事填坑洞
即是脫離圓滿道

又來何法斯可教
離愛即是大煩惱

養神

恰美永順神氣定
醍醐海闊八荒應
橫吞惡波萬邪蔽
廣受魄靈慈悲濟
靜坐養神運空明
遮放暉光繪彩韻
一掃昏蒙成大醒
猶貧陡獲大寶金

離苦●得樂●歸真

離苦

伊甸園者大樂園
不必外找身內懸
得入其中妙無限
一旦離開苦自現

得樂

看破放下無所欲
返本還原自安豫
天堂樂土無限趣
當下入之無第序

歸真

當下歸真零貪著
無欲無求零抓取

無恐無懼零依靠
零投射兮零期待

附要：
不糾纏、不評判
不嫉妒、不算計
不虛偽、不僵化……
真能做到，當下
證圓滿

我在●見證●奇跡

我在

誰識本尊妙然佛
分身萬億無盡數
體相妙然逍遙主
世人不識煩惱住

我相他相眾相幻
我見人見眾見亂
悟道修功在淨心
一起分別即生煩

萬水千山一宗根
千家萬戶一親親
愛在美在靈台在
修煉最忌成木呆

酸甜苦辣不作選
無執無求大寶現
宇宙妙性何處得
存在即是法性演

見證

外尋只見死
返內才是生
何處問尊意
靜照見得真

身國有精捨
心開極樂現
萬魔亦護法
所欲自化顯

怨恨是魔變
轉念善相依
修煉貴誠心
愛真即神氣

合之源性看
死生實虛誕
齊傷思妄作
原來私慾錯

奇跡

白天黑夜是夫妻
冬冰夏暖同一氣

相爭相融平衡濟
慾望滿足一空喜

污泥荷花相親依
純淨污濁共一溪
海水人飲會致命
魚飲海水把命續

上行提升襯滑落
下行滑落把高托
生命故事怎麼說
庸人同樣在協作

宇宙時刻在運作
開始結束同一個
我道生命真神奇
萬物同源一本體

無遺開智

目录

歸真
正是
高論
何為
傷感
除穢
收定
驗證
單獨
純存
常住
外出
活自在
合存在
外找
無奈
放下
悟道
欲情
純心
純息
濟世
蓮成

該系列講的是圓覺修證之理，作者在講解《大方廣圓覺修多羅了義經》時引用。

歸真

悟本成用話恆常
妙光照影本心裁
根無枝葉為真空
見水興波有由來
以末徹本見元機
於本窮末妙用待
窮究表裡達本源
須知體用相成待
恆真必興妙用門
真我化用添風彩
性相互顯天機現
天龍地虎共旋凱
洪微一真載乾坤
生生不息最自在

正是

修善不落惡
雖迷亦快活
有信無證果
從良有善覺
修惡無對錯
只是迷本覺
善惡自捨取
有證方大喜

高論

合道隨性者
無住卻常住
無為無不為
僕駕護天柱
不昧因果者

無欲無不欲
有欲必作為
無為合道欲

何為

存在顯真性
投射真我隱
若還需外助
亦如添霧影
若何成德慧

傷感

必到靈山去
好讓神光濟
宇廈空虛地
往事不量記
萬物源本一

樂已不可極
何故分類比
小我悲戚淒

除穢

廢仞邪山高
誓滅苦海濤
愛以安命流
醉陶本心妙
歡樂本無盡
只是小我笨
向彼何時已
對境自呼應

收定

若問太空靄
瑞氣自何來

修者德何在
涼宵何夢猜
青山穩然在
白雲任意裁
圓覺性無漏
慶祝時畫彩

驗證

欲入妙高天
心花定盛艷
非是聖高真
不可作雲仙
汝心若安靜
必定有感應
舉愛合純粹
定要把性參
靜心入微觀

單獨

紛擾念頭滅
善念亦不現
亦無建議者
純粹自主見
但有外來客
所證亦幻顯
完全有意識
必是獨尊體

純存

外在是物質
思即意識紙
純粹最微妙
靜是無思識
若合真我體
全然光照濟

不見有影子
黑暗亦消失

常住

紅塵不染性
只是心不淨
酸甜或苦辣
隨處可見真
拋開所有霧
即無物質束
只是純粹看
獨留觀照伴

外出

放浪形骸外
其所何遇害
取捨萬殊待

靜躁不同拍
唔語花姣蕊
寄託愛慧睿
殺我者為何
虛假俗情劊

活自在

執著外境沒好處
自私誘你迷黑路
留在外面找藉口
背叛天心最離譜

滿溢悲慈淌清溪
找出那個終極的
觀照背後有觀照
到底是誰最逍遙

從心所欲不逾矩
佔有是病即叛離
存在萬有多豐富
愈是叛離愈佔據

世俗貪心不用談
神聖佔據亦為貪
一切都是為交換
滿腦算計慾望絆

人若自私必有欲
學法亦露貪婪氣
不貪紅塵貪高天
同為貪心有何別

再三提醒終極道
靜靜觀照悟法要
到底是啥最機妙
找到立即合逍遙

合存在

如果你真愛
誠可合存在
相處有多美
親密又可愛

深厚密切依

一切圍繞你
樹木開口說
石頭和你嘻

用愛心作演
純真又無邪
鳥兒吱吱親
小草慰你甜

動物不怕你
也都同一喜
花兒為你開
因為你有愛

人類造恐怖
皆是頭腦誤
融為一體性
正念正行路

外找

幸福在哪裡
哪裡能找得

若不為找她
幹嗎來這裡

無奈

一死有何懼
幹嗎要生氣
這裡氣不消
哪裡又能憩

放下

生命有希望
正是最大謊
若非為所欲
為何到此逛
但凡有慾望
必定會失望

悟道

若是得道者
必知生死故
心明債務清
自合天堂路
自由自在出
原靈輕上浮
天堂逍遙主
幾人成建樹

欲情

早春惹紅粉
香墜私情破
若用情傷我
我自不好活

純心

暫寄不得已
快然自足行
自廢名利鎖
不沾紅塵情

純息

黃花碧草素
人中最孤獨
夜夜鶯語啼
退守心池住

濟世

靈知貫洪微
照濟無漏滲
清淨法界者
如是真妙身
無始無終結
本尊光寂神
大千種種形
同體大乾坤
光沐十方界
愛及微塵生
性相大功德
無生無滅本
虛空遍一切
慈悲濟世成

蓮成

明心見性即悟道
返本合道即歸真
修心聚善除萬惡
格物亦是正乾坤
心主化變演萬有
哦興妙法無量乘
隱顯之殊差別異
若冰化水水變冰
一朝離心結妄意
敗物雲起墮欲坑
若合不增不減者
即處凡身亦是神
守護聖心自不動
神人雖殊同一心
勤耕福田育蓮籽
功成妙宇即蓮成

治家之道

目錄

和家
治家
老養
子教
家相觀
家德育
妒心絕
吉祥匯
五福臨門
中國老家規

和家

心是總司令
念出業隨行
不可怨人過
不可逼人緊
禍從傲慢起
福依謙德生
一句我錯了
家和萬事興

治家

長輩志向如何立
傳家續譜正規矩
正身正己倫常序
家道家風自傳遞

舉例：
永好和家有方法
父母雕像立高堂
弟兄議事先敬仰
以孝治家運吉祥
循環：
財散得人聚

老養

退休立何志
一定细思量
参悟生命秘
活着有方向

诚然
志倒现衰相
归真慧命旺
余生勤积德
晚运定吉祥

確實
利他功德洪
受益自無窮
但超生死命
修心最要緊

子教

1

若遇孩子不聽話
應該感恩並反省
斯是替你把業清
因為共業成家庭
相反小孩太聽話
反要警惕莫高興
謹防業債化疾病

附：
不要讓小孩過早就享福
乃要盡量讓孩子多吃苦
因提前享福等於斷後路
過生日不可殺生貪口福

為老人慶生賀壽亦不可
因殺生祝壽實為折命祿
另外
要想培養孩子有信心
就得對孩子放寬心
管得太多就叛逆
放心不下多慪氣
一切問題向內找
怎可反而往外求
愛且信任皆自由
是啦
兒孫求功名
定修謙德心
天天做習題
未必就可行

2

每一調皮娃
都是小菩薩
父母要成長
怎可離開他

調皮莫擔心
但是要關心
引導莫強制
方法加愛心

愛子修慈悲
祝禱無是非
夫妻學包容
爭強即撞鬼

附:

脾氣是可以改的,你我未明理之前不都一樣嗎?發脾氣是無力感和缺乏雅量,這可以不要。

不然就太落伍了!

3

小孩本性聰
只恨人不懂
關愛與守護
其餘莫執著

4

兒孫自有兒孫路,父母設想不算數
不可強施自身欲,此為摧折根苗須
你把願望強加之,如同令他複製你
你有你的愛與情,他有他的命與運
只教為人為善道,面子其實不重要
成績好壞勿操心,傳家有道入善趣
培養福德是第一,其他科目任他去

家相觀

看一家人之旺衰
一觀老人行啥道
二觀女主賢良否
再觀兒孫是否孝

父母修養若合道
兒孫前途定然好
聽其音聲知禍福
觀人氣象即有數

長輩無聊無慧智
子孫後代無大志
滋壯根苗育後代
要在積善樂佈施

家德育

精力飽滿神氣足
孕育定得好根苗
氣質薄弱難生育
教好不如生得好

是呵
氣虧氣弱種子瘥
學習不好亦福薄
即使父母錢很多
重金送他去留學
最終還是一孬果

與其
大把花錢硬教育
不如行善福德聚
多積陰功多回向
五福臨門自呈祥
再請回小向大法
兒孫自然福報大

妒心絕

妒忌之心有根源
從小教育成攀比
贏得遊戲有獎勵
輸了被人瞧不起
盲目比較釀悲劇
誰成榜樣誰倒霉
因為世人皆妒忌
是啦
如此激發競爭心
相互攀比成禍因
虛榮浮華面子心
嫉妒之心必潛隱
應知教育在養性
強身固本促成長
向內連根才是本
是故
莫要比較誰第一
只管修心做自己
有教無類多激勵

鼓勵並非比誰強
重在培養獨立體
自身潛能挖不盡
向內去贏才是贏

吉祥匯

以言舉人心潮蕩
因人廢言情緒障
仔細看來仔細想
孝德治家蔭護廣
若見背德能反省
家道必興宗廟王
見賢思齊品德芳
無私利他子孫旺
親朋四鄰亦尚賢
一方水土運吉祥

五福臨門

——富貴·康寧·好德·長壽·善終

富貴

而今有錢人不少
富而貴者卻不多
受人尊敬才真貴
以勢壓人卑賤貨
是呵
貴人沒錢窮淡泊
有錢不貴亦德薄
有錢下賤不少見
財大氣粗攀緣多
正是
以德服人修養好
以力服人實不妙
只是錢多非貴主
我敬人人才算高
確是
用錢壯膽非好漢
貴者敬人賤者慢
得意忘形失意苦
同為下賤虛偽伴

康寧

無災無病謂康寧
欲得康寧得心安
信任危機致災患
災患無窮心何安
是啦
佔得天時不如佔地利
佔得地利不如佔人和
利他之心才能化危機
講信修睦結出康寧果
沒錯
為人謙下天地寬
應常反省去驕慢
陰陽雙運乾坤燦
慈悲喜捨歡樂伴

好德

為人應好德，千萬莫好色
好德者積福，好色者損福
艷福非是福，而是麻煩苦
洩欲最損福，因為放電故
應知
全是貴人棄驕心
愛他利他好心情
收成之時應感恩

得意忘形應警醒
是啦
日日反省真心主
恃才之驕亦常睹
無私利他積善行
懂得愛敬避親疏

長壽

欲長壽，心要靜
欲心靜，要養心
養心者，首戒貪
戒貪心，在寡欲
去慾望，除濁氣
排濁氣，換正氣
星星火，可燎原
修身養性正氣聚
真氣穿梭八萬竅
懂得此機無限妙

善终

無疾而終為善終
壽終正寢亦善終
走時坦然、無有恐懼是善終
離開肉身時，段位上升乃善終
走了之後，子孫不衰是善終

中國老家規

出門打招呼，回家應告知
吃飯要禮貌，先請長輩坐
長輩說開飯，方可動碗筷
莫發粗啦聲，切忌敲碗筷
夾菜莫翻挑，只夾眼前菜
夾菜過盤線，此舉使不得
吃飯咬筷子，同樣要不得
做客別人家，更要講品德
主人先動筷，客人才動得
說話用尊稱，長輩得稱您
直呼其名說，無禮應警醒
不擄袖管兒，不輓褲腿兒
不攪菜碟兒，不插筷碗兒
不嘬牙花兒，不抖腿腳兒
站不倚門邊，不可壓人肩
做客主人家，不亂進房間
說話忌高聲，為客不坐床
反手倒水酒，此舉不雅觀
壺嘴莫對人，倒茶不倒滿
嘴兒不吧嗒，腿兒不丫叉
斜楞眼兒詬，弓腰駝背醜
不亂說瞎話，切忌呼喳喳

敬業精神

做人●守中●棄私●利樂
精進●修身●聚福●長福
善工●善力●使命●聚正
厚德●行功●養福●積福
謙修●平財●流變●守正
洗染●流演●謙德●助樂
知行●從因●正要●再進
德身●富福●改命●踐行
安住●福聚●禮德●成事
觸礁●損福●應懂●改錯
凡聖●匯演●立業●成就
現實命題●丟失自己
合道歸根●大利無我
入世寄語●連根養正
福因●愛德●上進
不急●厚集●大愛
轉變●對照●改過
人生●意用●妙觀
印證●福住●安邦
眾生相●莫抱怨
公司運●通達路
做人與做事
管理與化人

做人●守中●棄私●利樂

做人

說話不懷攻擊性
亦不自誇不逞強
不揚人惡善疏導
化敵為友運呈祥
是的
小小摩擦非有意
莫要輕易說分離
小小怨恨莫看深
切勿因此忘舊恩
那麼
誰是那個最討厭
你就專找他優點
若是真能做得到
你的修為已不淺

守中

花不全開是中道
日增福德樂淘陶

降服傲慢修性德
眾生一體內藏妙
應知
能量低者陰氣匯
福薄之人運勢霉
從容自在避風險
謙讓其實是智慧
舉例
大成若缺用不竭
勸君認真去品味
知進知退曾國藩
還有範蠡功名垂

棄私

愛佔便宜多晦昧
利他之人樂吃虧
樂得吃虧功德聚
聚得人氣福成堆
是的
玉須打琢才成器
信力豐足無燥氣
十方世界一心系
心地善良最有力

利樂

遊魂為變生命演
負面情緒困惱現
心德為根利他先
人聚財聚福祿顯
不錯
一切福田從心耕
時種善因結好果
更得熱情時催作
得妙諧然蓮台坐
誠然
幸福滋養蓮華開
敬天愛人載富貴
相因而兌開智慧
鋒芒畢露玩不會

精進●修身●聚福●長福

精進

貧而無怨
富而不驕
篤信好學
扶根正苗
善日加修
德日加厚
敬業從善
一絲不苟

注:扶根正苗,重在培養愛、積極、樂觀和上進心

修身

感恩懺悔去驕心
無私利他修德行
樂觀向上處驚不亂
從善去惡自化憂患
天天善因結善緣

能量日增且守缺
越捨越有得
應知
四維十方滿是眼
怎可自欺盜世名
經營活動乃修煉
信力短缺貧漏現
終日乾乾佔先機
斂聚謙光最受益
誠是
學而不厭, 誨人不倦
以直報怨, 以德報德
為山九仞, 功虧一簣
巧言亂德, 小不忍則亂大謀也

聚福

財散人聚流通幣
人氣即是能量聚
揚善勸善積德易
快樂自在多逸趣
是啦
一門之運看謙德
敏於事且慎於言
處處利他好人緣
國之將興必尚賢

對哦
做人以德為根本
去惡揚善勳業顯
倉廩實而知禮節
孝悌傳家五福全

長福

年輕之時享福多
如同花兒早開敗
好色損福危機埋
艷福非福乃禍災
是的
君子憂道不憂貧
真正有福必好德
隨緣濟眾樂呵呵
救世濟民人稱賀
正是
多行不義必自斃
應種善根多培福
知足常樂慈悲濟
常懷感恩定如意

善工●善力●使命●聚正

善工

名不正，則言不順
言不順，則事不成
其身正，不令而行
其身不正，雖令不從
有道是
聞道有先後，術業有專攻
故生命之道在於發揮所長
博觀約取，厚積薄發
取少積多，方保持久
故勿以惡小而為之
勿以善小而不為
盡心盡力做事乃本分
敦倫盡分亦大善
把一族之風樹好
同樣大功德
若能把單位員工亦調動起來
立足本位，善行天下
又何愁事業不興旺

反之，若把企業做垮了
也是一種虧欠

善力

善心真切
一善可抵萬善
若非至誠純心，做萬件善事
亦不及一善之力
故一心真切乃是得福關鍵
真，為不圖回報
切，謂急人所急
錦上添花不算切
份內之事不做好，而圖
向外濟世亦不切
況授人以魚不如授人以漁
且觀人之過患，皆源於心
故幫人在幫心，才算
幫得徹底，故
救急不濟窮
治人先治心

使命

以往不知生命意
活著不知為了啥
播啥種子結啥果
無明人生真可怕
而今
立命改命法佈施
細品生命妙法味
利益眾生做真我
絕不為私染污穢

聚正

正氣能量熱情濃
若有漏缺必外求
外求離心現困愁
橫拖豎拉不自由
是吶
信念亦是大能量
能量充足氣象旺
昂首闊步展宏圖
居安思危運吉祥

厚德●行功●養福●積福

厚德

正氣一入邪氣散
金身不容晦氣佔
根基不牢碎雞蛋
苦難魔你團團轉
連根養根合家歡
乾坤廟堂自主玩
厚德載福有擔當
自強不息謀發展

行功

精氣神足最寶貴
妄念雲起現勞虧
真心妄心如何辨
背離靈性定妄為
是故
自私慾念一呈現

應即警惕轉心境
感謝你來我愛你
真心起用自轉機
是吶
絕對信任乃極善
一芥信心可移山
絕無雜念與懷疑
此即行功大奧秘

養福

靜育培根深
凡事不用爭
無需去攀比
和氣萬物生
愛為生生本
合道即永恆
所謂
格物明理養正氣
氣足自然神采奕
循循繞繞無缺席
周而復始是生機
所以
夜息無序傷元氣
葆元毓神方見喜
氣血虧虛焦慮起

怎治癒
早睡早起

積福

開源節流勤致富
惜福絕非獨惜財
用心起心不必猜
陰功陽德寄福來
應知
為私為我自縛枷
自拒福喜心量狹
敬天愛人取無窮
有見識者先利他
應懂
無相佈施是根本
凡有所圖皆半善
一心修持待春歸
萬象更新乾坤燦

謙修●平財●流變●守正

謙修

謙修七方面：
敬天愛人
明理敬命
知過改過
感恩圖報
敬倫盡份
認祖歸宗
養正化怨

平財

捨得得捨再捨得
流演大千福綿延
多勞少得存福報
少勞多得虧福德
不勞而獲難持久

高利暴利貪不得
是吶
天地萬物遍廣宇
盡喜謙德損滿盈
金錢如水重流通
福薄囤財災禍來
命寡才高福難載
本事再大亦無財
心態失衡不應該
警惕
私心何故重
貪天之功據己有
多數入牢囚

流變

花不全開最美妙
虧盈之道在守缺
謙德濟生乃流變
能量升級惟心演
謙受益兮滿招損
謙謙君子人人贊
蚊蠅尚且通人性
鬼神豈喜顛狂慢

守正

生活過得去
何必去攀比
愛護精氣神
邪毒最不吉
勤守清淨心
常懷恭敬意
勿染邪淫行不義
知恥近乎勇
敏學不恥問
明德心至誠
己所不欲勿施人
良心不可懵
鬼神盯得緊

洗染●流演●謙德●助樂

洗染

論心好壞有標準
靈在其中有智慧
精氣為物為載體
靈蔽為障陰霾穢
所謂
一葉障目不見山
兩耳塞豆不聞雷
作威作福耍權貴
傲慢愚痴定倒霉
記住
不養晦氣養正氣
自性做主登高梯
遍身充盈浩然氣
何愁事工不如意

流演

不可借債過日子
乃要多懺多修福
年輕之時享福多
老來必定多受苦
應懂
捨得流通再捨得
流演大千轉輪旋
克勤克儉花半開
奢侈浪費花凋謝
應知
克己奉公實為上
不勞而獲欠吉祥
終日乾乾少犯錯
成人之美結福果

谦德

貧賤而勤勞
勤勞而富貴
富貴而驕奢
驕奢而貧賤
聲雲
禍兮福所倚
福兮禍所伏

切問而近思
謙讓增福祿
又曰
達時不驕傲
逆時不放棄
博學而篤志
愛在內中依
再說
命由己造, 不是玩笑
多積陰功, 才是正道

助樂

人生在世多頓挫
價值觀錯思緒惑
困惑人生痛苦多
何談幸福結美果
正是
求人氣短心志弱
生命熱情能量活
助人為樂好處多
歡歡喜喜一生過

知行●從因●正要●再進

知行

今人不懂生命道
鋪張浪費消福報
積福惜福養心性
知足常樂最逍遙

從因

造命者天，立命者我
力行善事，必結善果
祖宗有德，兒孫有福
功名利祿，皆從德出
應知
舉頭三尺有神明
趨吉避凶總有應
相由心生唯識變
境隨心轉度惡緣
應是

愛而知其惡，憎而知其美
凡事樂則立，不豫自然廢
餘生每分每秒努力為社會
死時心靈要比來時更高貴

正要

貴賤高低，唇齒相依
禍福在心，見利思義
得失心平，寵辱不驚
大愛無疆，互惠共贏
貧應有志，富且低調
敗時不餒，勝時不驕

再進

溫良恭儉讓
立志緊跟上
聞過見喜修
更要改其咎

德身●富福●改命●踐行

德身

君子濟天下
自正其行端
泰山崩於前
處驚亦不亂
樂觀向上者
守謙自無患
良馬志千里
不期名號冠

富福

豐盛絕非一財路
五福臨門才算數
富貴康寧與長壽
好德善終吉祥住

改命

改命之要如刷機
日日反省修性體
應趁餘生多晉級
是的
務要積德，務要包荒
務要和愛，務要惜精神
務要多找人好處與認己不是
務要終日乾乾……務要
用敬愛之心增德力
是的，是的
務要積百世德
且應知
批評不如獎勵好
生氣亦是肚量小
能量大者多包容
能量小者多小氣
因此
定要慈悲對待每個人
定要講究方法激勵人
定要助人解惑破無明

踐行

聽其言，觀其行
與朋友交，言而有信
聞過而知，謂之聰
知過能改，謂之慧
聞過不認，是傲慢
知過不改，乃懦夫
……
不胡作非為、不計較
不隨妄念跑、不心焦
脾氣不好抓緊改
不知進退惹麻煩
事情繁多正好修耐心
遭遇失敗絕不灰心
有道是：天將發斯人也
未發其福，先發其慧
此慧一髮，則浮者自實，肆者自斂
故首在心性變。氣虛意下
處處奉謙德、處處
敬他利他好

安住●福聚●禮德●成事

安住

八風不擾涅槃座
心態穩然一真我
執著小我多罣礙
心底無私天地闊

福聚

變盈流謙自然理
財如活水需流動
貪財惹禍一場空
廣行佈施福祿湧
故倡導
諸惡莫作，眾善奉行
莫以善小而不為
莫以惡小而為之
如是造化美德定加深
應知少勞多得，不該
多勞多得，可以
多勞少取，鼓勵
天天利他，最好

結論：
多積陰功, 子孫受益
千秋萬代, 綿延相濟

禮德

關係越親越注意
五倫有序別錯位
穿戴整齊示尊敬
時懷愛敬把人為

成事

博洽淹貫是學工
進退有命應該懂
遲速有時用心參
知命認命心自安
須知
潛意識把命運管
妄念不降瞎忙轉
吃苦勞累不算慘
該吃的苦得吃完
成事
不以難易成敗看
緣分俱足自然成
其間無謀劃
德廣福報大

觸礁●損福●應懂●改錯

觸礁
——開玩笑得看人

幽默遇嚴肅
撞成一棵樹
玩笑探試心
惹怒美人驚

今聞火鳥哭
可見真在乎
婉轉一呻吟
願君寬心度

回光靜照兮
已然失寶密
樓台觀此景
悠哉心神怡

損福

情緒失控亦損福
一分怒氣耗一分
德量常減怎聚財
心態和順安平泰
須知
情緒，越發洩越錯
慾望，越滿足越多
你說：又該如何做
靜下心來向內觀
只要你能看見它
自然就能降服它
此中有奧秘
悟透得受用

應懂

花開花落自然道
成敗得失淡然笑
因緣和合隨機演
患得患失苦難言
應曉
陰陽縛命難如願
生命無常受業牽
極善極惡拘不定
動出毫釐大變遷

所以
立命之法在乎心
命自我作心轉境
非靠人心巧謀算
乃合天道玩變幻

改錯

知錯能改謂謙德
知錯不認是膽怯
過錯深重須懺悔
知錯改錯應點贊
故過錯不論久近
唯以改之為貴
一息尚存
彌天大錯猶可改
可見——
改錯本是大智慧
聖賢教育的核心
也就是：改過錯
有道是
吾生也有涯
而知也無涯
知人者智，自知者明
知錯甚難，改錯不易
故聞錯而當下能改者
人生必如意

凡聖●滙演●立業●成就

凡聖

英雄征服天下
聖人征服自己
兩者一內一外
高下絕無可比

滙演

同心同願神力聚
如水興波持接續
文化引領新世紀
愛力驅動美妙極
你若真心看明白
好好把握此時機
全心全意一件事
三年一轉顯神奇

立業

有三因素影響公司業績
一者德力,二者能力,三者情緒
故為業,應以提升生命質量為本
於做人,應以養正氣為本
於做事,則應以提升能力和熱情為本
且團隊成員間須倡揚口德
老闆說員工或員工說老闆
皆謂不吉,乃衰相
應多點贊,美心美言
要注重細節,日參省乎己
應引導長養行善積德之風
此為重中重,不可廢
尤其老闆要帶頭,因屬下
於其職責本位行一善
上司亦得享一份福,若是
員工於其工作本位做一件壞事
老闆也同樣要損福一份
因團隊成員本是共業體
故若團隊善風大長
老闆自然無求自得
坐享其成

成就

得意花開即衰敗
留守心田方自愛
造福惜福長流水
好德之人運通泰
所以
定要立志培福根
助他利他用心耕
應天順時向前進
福慧雙增上上品
且要
沿著一井往下打
專心致志不放鬆
鎖定目標路道通
一心一意往前衝
有朝一日聖功成
皆大歡喜人稱頌

現實命題●丟失自己

現實命題

如今社會怎麼樣
五福臨門缺幾項
忙累煩苦慘敗相
隨處可見倒霉像
可見
熱愛生命誠然要
認識生命更重要
試問
你之生命何處來
死後又該何處去
若是靈魂永不滅
又該如何來立志

丟失自己

人丟了錢包會知道
人丟了衣服會知道
人弄丟了自己
卻常常一生都不會知道
諸如:有人把自己丟在名利里
有人把自己丟在慾望里
有人把自己丟在感情里
這些也都容易喚醒
最要命的是有人把自己
丟在知見里。因錯誤的知見
會讓自己在不知不覺間陷入困境
這比丟在哪兒都讓人難以救贖
於是,有人用文字修飾內心的
憂鬱,用音樂平復內在的狂亂
用放生展示內心的慈悲
用佈施掩蓋內在的貪婪
就這樣用一切外在形式
刻意或不刻意地隱藏真實自我

附:
此段文字摘於與哈嘍的聊天記錄整理

合道歸根●大利無我

合道歸根

安樂祥和自美妙
恐懼憂愁怨恨皆顛倒，皆是
緣於斷了根，病苦亦是業力找
一切麻煩皆自造
遠離天性入娑婆
自然人生不好過
是啦
斷根之苦由來久
故背天心往下走
越走越麻煩
痛苦常相伴
放眼四方看
欲解眾生難
你說怎麼辦
唯把正道傳

大利無我

敬天愛人你我他
原本一體卻又何時分了家
呵……，再問
又何時分過家？皆是
顛倒夢想錯亂故，才因
癲狂縛火架

昔時自私自利為小我
而今夢醒先利他
古聖雲：修身
齊家、治國、平天下
可見修身實為
舉世之基架

正法光芒照——順天者昌
逆者夭，謙德榮光第一要
連根正命走正道
自利利他內藏妙
為私為我實不好
若能為他
求名、求利、求發展
盡皆樂淘淘

入世寄語●連根養正

入世寄語

積善之家必有餘慶
積不善之家必有餘殃
一定謹記飽食終日而無所用其心者
一生必定無作為
怎敢渾噩、虛度時光

人活著理當努力、且有擔當
所以定要在當下就發願覺醒
定要悟滿善而勤反省
因有漏之身勤生煩惱

生命最重要的是靈魂
誠要借假修真返本源
定要敬天愛人為世範
有道是:君子喻於義,小人
喻於利,若是不警惕
便同小人無差異

切記吶
香餌之下必有死魚

財氣名食睡——若太著
煩惱定難去。口惠
而實不至者，怨災及其人
全因貪痴、夢幻
故顛倒

連根養正

酒色財氣壞習慣
自身無樂外求取
連根養根自在歡
吃喝嫖賭亦苦劇

若是連根歸命海
何須外求找樂趣
知足常樂自不缺
返本還源最周全

生命力量在於心
心虧力缺福報淺
為善最樂人氣聚
陰功厚德福力巨

濟助奧秘非施捨
重在教化養性德
皮之不存毛焉附
斷根自然無安住

福因●愛德●上進

福因

福祿之報因何緣
善德根苗時常栽
積福惜福功德在
使得五福臨門來

愛德

敵我之心福斷根
怨恨抱怨實傷身
分納萬有恭敬正
愛德無別一童真
可知
情緒傳染無間隙
遠超細菌傳染源
殺生怨氣更是大
天災人禍了不得

你看
山河遍體傷
霧霾染腑髒
你我怎可逃
一樣皆受傷
怎解
知過改過多懺悔
好生修善轉惡冤
身合天心如意妙
得成自在逍遙道

上進

氣質渾厚而通達者是祿
面色慈祥而和善者是福
缺乏自信而氣弱是福薄
面色凶寡刻薄者常近禍

若欲領受福祿而遠災禍
未及行善而應先言改過
因不積跬步無以至千里
故行善積德亦不可懈惰

不急●厚集●大愛

不急

不要急，不要急
吃飯急，做事急
細嚼慢嚥數心息
做事莫慌張
忙中常錯亂
穩穩然然才高級
說話亦不急
注意口德多聽聞
該不該說先觀機
言辭得當才安逸
呵呵……
身心口意皆不急
心平氣和善德聚
如此人生美妙極
不急得吉

厚集

智者無惑，仁者無憂
見善從之，不善改之
得道多助，失道寡助
絕無憂恐，皆緣德厚

大愛

愛心能夠治病殃
因愛即是高能量
故有能量才能愛
一愛能量又增長
應曉
怒氣破壞精氣神
施者受者皆受傷
看人不順非人過
乃是內心邪火犟
誠然
見義不為缺大勇
道聽途說口德喪
眾人惡之必細察
眾者好之應細詳
如是，處冗沓而觸念通
遇仇怨能回嗔喜
如是塵塵方便隨緣去
報恩了怨悲慈濟

轉變●對照●改過

轉變

畏岩才高心也高
積學工文謂博士
鄉試不中罵試官
修為欠佳運受滯
是啦
善事陰功由心造
常修謙德福無量
文工在於氣平和
怎可恃才而逞強
是啦
彼氣盈者，必非遠器
故縱發亦無用。故凡自恃才高而導致
命運受阻者，皆須於
心處做個轉變才是

注：畏岩，《了凡四訓》中的張畏岩先生

對照

愛挑毛病氣度狹
直心直行慮不周
輕言妄談習氣陋
不能容人脾氣臭
可知
才智蓋人人不留
缺乏耐心不長久
基淺福薄無所收
內在匱乏才外求
可曉
敏感多疑肚量細
膽識太小才恐懼
過份好潔難包荒
水清無魚自孤立

改過

有過不認膽小鬼
有過不改是懦弱
過惡蝟集入凡流
審查不細亦過錯
所謂：天作孽猶可違
自作孽不可活

因果不虛報有時
時乃報緣得生成
應守善念斷惡緣
改刷因果轉禍殃

故要
分分秒秒養正氣
凡事利他皆歡喜
更要
有過改之常感恩
後悔無用要懺悔

人生●意用●妙觀

人生

君子知命利修身
趨吉避凶轉運程
先知後知不用算
命合天地生活禪
所謂
人之為人迷真相
算命折壽不可詳
常算命者力不足
不如聞道作命主
應是
聞道悟道兼證道
得道安心超生死
一提死亡就恐懼
皆是因為自我迷

意用

心有力時信心足

事隨心願自做主
大千世界何其大
造化運轉亦無他
悟空無咎合本源
存心制行演周全
人生命運若投影
背後底片是關鍵
命是底片亦可改
運乃影像隨心變
利他無我有主見
受福之基始得建

妙觀

觀者非聽非想非看
乃止乃定乃靜乃清
不受雜音雜念所擾
當下自在安住身心
一觀慧思瞭然知見
二觀心念深潭起演
三觀自在萬象非我
再觀萬有菩提我住

注：佛即覺者，而菩薩乃是覺悟之門生，故此之觀乃菩薩境界之觀，乃指用真心照見天地萬有之真，而非凡夫用六識所見之幻……

印證●福住●安邦

印證

要用科學預測觀讀了凡
不可脫離實際瞎扯淡
比同諸公應試案
例舉印證有詳單
謙德榮光燦
事理融通悟周全
一知半解玩不轉

應知，禍福唯天世俗論
禍福自求聖人言
有道是：天難諶，命靡常
冥冥之中有道旋
存妙於心必得見
此心果明白，所求
必應驗

福有福始、禍有禍先
馮開之一例亦印了凡言

見批評而能平懷順受者
實可貴，可見謙德功效甚明顯
又舉例：吾在義工隊伍中
也曾得見一位真豪傑
降伏傲慢甚徹底
雖說此類豪傑甚稀少

附：
此文因讀《了凡四訓》有感而作

福住

君子之德風
小人之德草
上風一正皆大好
為官更要從善道
成人之美積福報
放下傲慢智慧出
天發慧時自莊嚴
肆者能自斂
此乃福報因緣已成熟
故得功名利祿
真實不虛——
人生福祿靠德濟
福大命大自如意
莫懷疑

安邦

親朋四鄰一家親
養性連根蔭濟廣
大宗大族人丁旺
聖德普及謂安邦
應知
濟助本意非施捨
重在養教以安民
四鄰全邦皆尚賢
互敬互讓姿態旼
可見
了凡遺訓內涵深
聚合三才謂運命
謙光可掬妙德品
明理合道御術行

附:此文乃讀《了凡四訓》有感而作

眾生相●莫抱怨

眾生相

——欲採百花釀成蜜

暑往寒來四季天
你來我往熱鍋圈
滾滾長江流水急
眾生芸芸皆圖利

摸爬打滾撞破頭
被困泥潭變泥鰍
人心正念今何在
野草閑花遍地愁

靜觀幻化入渺冥
人生劇目換得勤
眾生輪回不見醒
一切無明緣貪心

附：
吾來世間旅
未入金錢劇
一心傳正道
開悟眾迷離

莫抱怨

堅持人之初性本善
深信因果
物有本末，事有終始
知事先後，則近道矣
時刻正念，寧隨聖人之教
絕不隨順煩惱習氣
知命運命，才能把握未來
合於事、情、義、道四理
才能無所不辦
故——首先要做對自己
多看人長處、好處和苦處
不忘初心，成佛有餘
不怕念起，只怕覺遲
去除私心，一心利他
寧為培福多吃苦
不為失敗找藉口
不要以為自己真對
行有不得反求諸己

公司運●通達路

公司運

公司旺衰風氣顯
道正隆興自和弦
內存戾氣陰邪火
損德耗福財局破
是呐
是謙是盈共命作
信心信任是基礎
不看風水看福氣
不看能力看德力
所以
何須逞強去奪取
數該如此不瞎忙
潛心修為把命運
自然德匯金滿盆

通達路

人際關係如何處
同事之間要交融
後勤財務與行政
職能各異亦包容
高層管理隸屬統
凡事利他即可通
若將
他人短處當苦處
如此心態自和睦
怨氣亦然無所住
憐愛之心一升起
便能融洽互交融
有道是：君子
坦蕩蕩，小人常戚戚
君子求諸己，小人求諸人
故以其人之道還治其人之身者
同是煩惱因，故要
勤觀善惡念，更要
看看自己心偏否
心正行方正
不以喜好論

做人與做事

工作勤努力，閒時多學習
眾前慎言行，處事講平易
為人要慷慨，和氣廣生財
卓而能合群，交友重情愛
困中能負重，忍辱修品德
做人守底線，行事講原則
淡泊養心性，修身樹正氣
居低不卑怯，坦蕩見歡喜

管理與化人

有道是：
物以類聚，人以群分
與善人居，如入芝蘭之室
久而不聞其香，即與之化矣
與不善居，如入鮑魚之肆
久而不聞其臭，亦與之化矣
故企業管理化人之道亦是生命之道
故明者：以其昭昭，使人昭昭
而不明者：以其昏昏，妄使人昭
故企業管理之根本：在於明理教育
要使員工明白善惡之理
要能促進團隊整體不斷完善、升級
關鍵要能知過、改過

故改過教育乃為企業文化建設之重
而善改過者，未禁其事得先明其理
對過失須說出、亦須包容
對能找出自身過失者，應贊嘆
更應從心而改之
因過有千端，唯心所造
若吾心不動，過安何生
故最上治心者
當下清淨，才動即覺
覺之即無
此即為最上化人之道
謂：正人先正己

耕身集萃

目錄

迷
探妙
觀鑒
缺月
召雪
耕身
塵情
叮囑
修身啟
加油辭
大躍進
對影說
蘭芝祝
澳洲大火
空生妙有
自我的前世
一個疑惑的降生
在春中……
那光景
影與子
飛翔
蛹蝶
突圍
瓊
遷
磊
醒
歆

迷

走失的自我埋在情塵間
凜冽的冬對飲赤熱的夏
佔有執念裹成身體的餡

曾經
低頭尋覓足跡的蝴蝶
依然在尋覓花園
一邊是寂靜的泉
一邊是攥緊的線

探妙

地窖很深，很深
抬頭望頂，有光照出口
光口處、有人活動的身影
從地窖到光口是用大理石鋪的梯子
這時樓梯上現出一雙腳
那腳正沿著樓梯一步一步向上走
那行走的視角就猶如登天梯
在腳落下之前搶先出現的
是一朵又一朵漂亮的蓮花
隨即蓮花蕊上現出淺淺的足印
同時得見一隻碗浮現在空中
那碗以同樣速度跟隨著
沿著樓梯緩緩往上移動
碗里裝的是金燦燦的飯菜
還有一雙筷子在碗上方
像夾菜吃飯一樣
緩慢移動

走出光口是一大廳
得見幾位年輕窈窕的淑女

彼此之間似乎是各做各事
室外陽光從窗門外照進屋裡
繼續前移的意識，掠過一雙高冷的眼眸
與此同步，空間里似乎感覺
需要一點不一樣的溫暖
於是身後的蓮花瞬間溶入樓梯和牆壁
即刻從地窖底部沿著四周向上
湧出萬千藤條類植物
植物蔓延伸展、所及之地
頓時百花盛開

原先的房子則變成了
亭台仙閣和湛藍的明湖
放眼四周則是起伏變化的美麗風景
不僅有大片大片的綠茵草地和叢林
林間還有各色鳥兒飛舞、和鳴
池中是各種類的魚兒歡樂游動
岸上還有仙童嬉戲、以及
變化各種神通妙術
更有曼妙仙姿伴鸞飛鳳舞
整個情景里始終不見有我
卻又處處是我

觀鑒

碧清湖，山身翠韻
神女暗香熏，透漏波暈
皇冠美柔相依襯，瀉湖流雲
真愛歸熏，碧靄身蘊
馨瑤泥，五指嬋媛
觀鑒
誰護花意音均
分鼎杯蛇欺，濁霧滿溢
勞心力拙，器蘊楚灼
慈威定慧行踱

瑞氣貞吉，萌毓流寄
大展經綸，訓獸坐騎
制心一處，一心意
精彩紛呈，證法喜
舊念活，光愛濟
來人間，淵源析
運心法，演道機

轉識成智破謎題
美媞媞

以幻破幻
又歸一
執念散
冤假錯案再審判
細參量、行內觀
證道圓滿

缺月

那些夢如雪花飄落
談不上成曲，只是零星情緒
塵中，閱得井中蛙鳴
迷倒在幻覺迷宮
情慾替代籠子的胃口
脆弱敏感，若露依窗成淚
痴迷是夜色的
在世間漂浮已久，偶得短暫夢緣
佛心怎被情執取代
應該消融。如刀刺胸
暫得片刻清醒

召雪

蛻變了，真正的王不用鎧甲
召回浪漫的柔，冰涼的鐵也同樣盛開
優曇婆羅花。無論你怎麼變
那溫柔始終
悄無聲息地跟著你

別以為這樣就完了，關於敢於鬥爭
與城堡。你有看見雪的精神
正漫天飛舞嗎？首先凝凍的是輕浮
一片聖潔溶進山河，全球盛大的
巨變工程就這樣發生在
平常日月的輪值中

你，還記得你曾經的雪嗎？
即使是在物欲橫流中
雪始終是雪

樹的孩子離開了母體
雪降落，覆蓋所有的樹
膚貼著肌呼喚。雪包容一切罪惡

同時也冷凍、淨化
如誰離開雪就等於
離開了溫暖

熱血、眼淚和汗水，貌似不一樣
其實背後都是水、都是雪
的精神。離開它們，生命便沒有
任何趣味和意義。這短暫的人生
掐掉生死兩頭，你余下的過程里
還剩些什麼？除掉吃喝

雪，是神聖的烈焰
為迎接新生而焚化腐敗
既然冬天已到來了
那春天也同樣
不會缺席

耕身

帶上海底輪那只龜
直起腰來，挺挺胸、舒展一下雙臂
小心，不要被慾望淹沒
你真正渴望的愛
是化欲成光。你是
騎在物質面上呼吸、嬉戲
生活或是上班或與人交際
要記得，釋放你的
靈性

愛別離時還難受嗎？霧起或霾晦
更要守護好你心中的明月
探索五蘊身如何蛻變
看芸芸眾生迷茫顛倒
更要警醒，徇察背後束縛的觀念
展開雙翅，飛向藍天
擺脫觀念圍堵

春潮時，要盯緊你的牛

觀照桃花何以夭夭，避役又如何變色
欺瞞世俗的迷眼。所以要觀照
放牧尋找幸福的妄念
看著它蛻變

此刻
不論置身何種境緣
務必活出你的
優雅

注：避役，又名變色龍

塵情

又一個清晨睜開眼
清風吹拂湖面、激蕩著漣漪
醉一波兒春心悸動
可以留個影兒麼?

春水溫情地脫下外套:
裡裡外外也都一樣
從來沒有一個影子留下
不僅是面對漂泊心

叮嚀

獨頭閱覽機樞，活字排舞庭戶
書頁展、蒼穹懸浮，妙變象形字幕
一字一景一內涵、層見疊出
細參細品，神秘天書
邏輯起、意象隨風飛絮
努力修定修淨，潛偵空谷
悟透真意破迷霧
身識行、招入溪墅
感知跨越飛渡
排穢垢，觀者默然
裸心裸肝、為誰掩護
暫回避，姿態有禮
總還隱秘

清淨後庭，門閂自卸
能量流通融洩
有我鉛筆精神、削磨書寫
本源母地下瀉
慈悲為懷以示，真情提攜

能所承繼相應
道侶緣起, 佳影分行
夢逐遠天, 叮囑親親
洞洞惺惺

妄執有得, 佈施廣財
協統三才, 耕地應勤栽
用道平常、日月逾邁
內外兼修, 檢點受用何來
福德豐滿花自開
鳳鸞迷返, 感慨
殷切待寫風采

修身啟

1

機身一動起識海
樞紐進，至涯津
謝幕消融，整合又生新
地水火風立四柱，橫梁渡
精巧屋。變化神奇贊美如
交匯處，精義殊
天闊雲舒，娉婷一汀渚
載意時空春情事
倩影隱，妙心情

2

闊地新生起樓台
修學愛，春心待
定位真材，含苞待放開
妙美文殊平肩座，初創果
靈光爍。不斷完善精進多

外圍所，有交托
神軀袖左，化一錦程握
吉祥如意寫一廓
其情悅，成組合

3

天作帷帳地為床
游意爽，愛激蕩
熟陰熟陽，陶陶樂悠鄉
身心自由任逍遙，留芳香
花蒂脹。起用武火淨神堂
屏著氣，火力旺
濁氣掃除，神經網絡舒
金剛怒目鬼神住
慈威心，意馳突

加油辭

加油表是表決通過的
就在你的印堂穴
你已置身其中
是命定的分工不同，所以不需要
在加油站中另開加油站
要給黃牌大客加油，只需一步
打開油槍

那縷柔情是心甘情願的
手裡握著的職業操守
考核的是能力與素養，所以
莫把心思用錯了，即使再先進的系統
也有預製標號設定

因見你有些許擔憂
我才告訴你今年的糧食收成
已堆成一座小山
開春後
可出去走走

大躍進

這是一個組合
一行人就這樣出發了
他們挑選的出行日期是：吉祥如意
天氣晴朗，氣候宜人
大地亦是生機盎然，沿途
風景秀美，而且路道標誌清晰
他們要去的地方充滿
無限的嚮往和美好
且寄託著無量眾生熱切的渴望
更有善良的人時刻送來
至誠的關懷、鼓勵
與祝福

他們心裡也非常清楚
未來前途無量、且發展空間無限
他們還不僅是獨佔了天機
與人和，更得地利
因為，他們行駛的道路不僅是
寬闊的瀝青路面，而且還是

標準高速路的設置與安全保障
路道也很通暢，且
幾乎沒有紅綠燈
一路上也不缺乏加油站
專門負責加油的工作人員
服務意識也可謂良好

他們所駕駛的車輛性能也不錯
堪比一輛獨家定制的商務大客
坐在駕駛位上的顯然是一位新手
但卻有一位隱身的老司機隨車陪同
他們最近的感覺很不錯
就連一向保守的大姐姐也
信心飽滿、激情澎湃
一切似乎都已一應具備
而且也真的什麼都不缺
於是前幾天，車輛收到了
欲加速前行的信號

這時，一隻腳將油門踩下
內動力系統也馬上配合
頓時內燃機系統里熱力暴增
車體及車窗也都興奮震顫
排氣孔更同步傳來了熱烈
呼啦啦的響應聲，而且

那威聲堅定、高亢
只是隱身的老司機突然發出
一聲嘆息, 因為祂看見
這車還是沒法加速前行
為何?……那結果呢
因車子才開出沒多遠, 便發現
左邊車輪的氣量飽滿
而右邊車輪則
氣量不足

對影說

就那麼一座小旅店，總共才五層
樓層的排序是金木水火土
所以注定了你的青年和中年都會
困在旅店裡。悶悶不樂的你總會留意
每間客房和老闆娘的秘密，同樣
很不開心的還有老闆娘的愛女
青春拎著厚重的行李，腋窩里還
夾著前行的木乃伊，你試圖逃出旅店
奔向遠方或是返回生命本源

卻始終等不來那趟有你專屬座位的列車
就這樣被困原地
其實，一開始你並未被困著
那是你無意識的童年，那時的你
所居住的是水木火土金排序的
五層黃金小塔。嫩綠芽從地中冒出
便快速充滿了整個春天
你的夢，又一次承上啓下
出發。你出場的那一刻

無比耀眼又聖潔無瑕，天上地下
也都給予祝福
可是，隨即
是非對錯的颶風便開始將你撕裂
試圖締造你，最後還將你送進專業的
水泥攪拌機中塑型
從此，你不再是宮殿隨身的王
從此，你那美麗聖潔的小塔便被成功
改造成破爛不堪的水泥房
從此，你就被困在小鎮的旅店裡
從此，是非對錯捆縛著你
即使出去散步，也會有人熱情地
跑過來告訴你，這條路應該走上面
不應該走下面
或許你說要抓連根養根教育
其實，種子埋進泥土
便伴隨著為奴或被毀滅的風險
從結束開始，最後獲勝的
多半是為奴的傳承。你剝開
觀念的花蕊便能看到
裡面是邏輯稱王，多麼厚實的
牆啊，無數自由的靈魂
就這麼被禁錮

蘭芝祝

幾十萬億細胞齊刷刷走來
祝賀遠方的你：生日快樂
此刻從微信里爬出來的消息
一溜煙鑽進胸膛，在我
脈動的血管里同時奏響
千軍萬馬的嘶鳴

你體態婀娜的江山，四季如春
生命的激情與暗中潛動的蘊勢
在皺摺紋理中演繹生命的奇跡
在眸子里的聖殿投射萬千奧義
書寫愛的詩集，贊美
生命的神奇

我很高興親自見證了歲月
將你釀成了淡而名貴的佳品
擁抱夜晚的黑，歌頌白天的白
時空挪移，眼瞼開閉
開時國土豐盛，閉時
自性滿圓

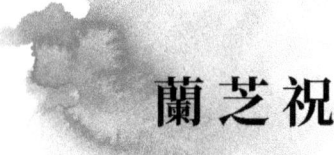

澳洲大火

澳大利亞在2019-2020年間經歷了一場嚴重的火災，燒毀的土地面積超過了1.8千萬公頃（約合180,000平方公里），被認為是澳大利亞歷史上最嚴重的一次森林火災……

依報隨著正報轉
內外環境一心蛋
人類執政若不行
天災人禍來警醒
地震水災與火患
彼此相連繫相關
心靈品質與生活
若不匹配亦有禍
人類文明要轉型
天災正是促反省

空生妙有

空與物間是萬千層
意識間隔，就像套娃一樣
一層套著一層又一層
每一層就是不同空間，各種妄念
就充斥在空與物之間
諸多事物因欲求而被層層疊加
並在遊戲中繼續保持創新，夢之舞
在現實中投射成各種主題
再融入人情世故
你在其中是接受恩寵，還是
被縛受困？就看你的意識驅動
是奉「利」為王，還是
奉「愛」為王

有活明白的人，一生只為奉愛
那麼一切於Ta便皆是為表達愛而存在
整個宇宙、花朵及一切
也將擔負起表達和傳遞愛的使命
這樣的愛之春，就如同
一個特大號的蜜罐子

其人活在其中，整日受用的便是
醉醺醺的甜蜜；那溫柔之愛
還時時刻刻不忘標新立異

於是，這樣的人活著
自然而然地
就忘記了自我、模糊了時間
試想活成如此境界的你
又怎會想起有一個我？因為
那個我也同樣化成了
愛本身，所以
唯有痛苦能將自我強化

是的，自我和痛苦
也都只是活動在空與物之間的夾層
當自我的意識堆疊、交錯、互相
對立和碰撞，就自動創造出了
痛苦。所謂莫名的恨與莫名的愛
以及莫名的痛苦與莫名的幸福
兩者其實也都同樣迷茫
因其「愛與欲」的界限模糊不清
這其實正是自我的執著
刨根究底，背後是
同一個空

自我的前世

每次啓用，也都扯拐
如同一匹未閹割徹底的野馬
從自戀到叛逆，從自卑到傲慢
其間還丟失了靈魂

好不容易熬出頭
可以豎起驕傲的鬃毛與母馬交歡
卻依然掙不脫束縛身心的觀念馬廄，即使
再多的物質保障也不覺得安全
除掉知識就不懂嘶鳴

每晚睡前不是要反思嗎？當居高臨下
從山頂往下巡視，卻讀不懂
漫身遍處盛開的心語

只剩下邏輯，也只有邏輯

好不容易才憶起
豐盛浩瀚的本來，連綿起伏的
瓊山聖境，裝飾甚妙的

亭台、宮殿與樓閣, 隨處可見的
莊嚴寶相, 萬千光暈縈繞
美妙絕倫的曼妙仙身
與清澈靈動的眉目, 及
豐富多彩的百千萬億
化身

那是光與靈的世界
是你前世的最前世, 是你最初的來處
此生能否回去呢?就看你能不能
從這具肉身中悟道
然後超脫

一個疑惑的降生

一念鳥
穿梭在雨中

一念雨
躲藏在雲中

一念雲
旋浮在空中

一念空
孕育在謎中

一念謎
誕生在思索中

在春中……

一條流淌的小溪
溪中搖曳著荇藻

一片次第開放的花叢
一群飛舞的蝶

蜿蜒曲折林間路
只只活潑的小松鼠

一條貼身舞動的裙擺
一隻躲在草叢叫春的貓

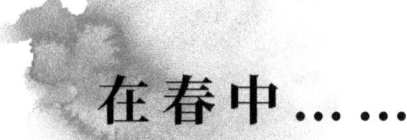

那光景

那光
怎麼這麼白
那景
怎麼這麼黑

那光
其實不怎麼白
那景
其實沒那麼黑

只是那一刻
觸動了光的底線
只是那一刻
心景在向外投射

影與子

影，在人間
子，在心田

影撞到大樹
子卻抱頭哭

影去走親戚
子去看朋友

影和子形影不離
卻永遠不會面

飛翔

返回，我身貼緊龍背
在高空滑翔，以星辰點綴為景布
身下縈繞著山河大地之氣
就這樣，決戰沙場的百萬雄師
也達成了和解
在土地上歡喜慶祝的是一顆顆
活明白的心。苦命的人也放下了擔子
滿面的風塵和疲倦，盡皆消融於
寂靜。在這浩瀚的存在中
我們作為其中之一，也同樣
得安住於幸福
在與龍的結合中，那些陳疾
終於死去，而另一些
則獲得了新生
活著的也不再僅是為了活著
他們重新找回了詩
和被獸性考驗的愈加堅定的愛
回顧那些遠去的歲月
體內的血液也同樣奔湧，去處

亦更加清晰。其實
那些啃噬肌肉的腐蟲也一直在
配合著喚醒，它們對應的
是那些荒唐的過往。不遠處
一群人正在談論生命法則
龍的世界也終於迎來
偉大的復興
與美好神聖的
紀元

蛹蝶

一隻蛹，執著形身結
朝暮戀
一隻蝶，安住幽玄苑
無此念
蛹，是心在渡劫
蝶，總是難免地
看破看護的心
那只蛹，迷在河那邊
思索著身心如何拯救
那隱形的羽翼
那只蝶，依舊
耽擱在人世間
鑽進無數蛹的執念里
抽絲剝繭

突圍

蓮池上面生長出一天梯
一輪明月掛在蓮池下

蓮池之下是同樣的天
一匹野狼在嘶吼
對著那明月

天穹上布滿了星
蓮池下點綴了眼

我們正走在天梯上
你腳朝上
我頭朝下

瓊

時代在逼迫, 只能走窄門
雖然貌似有無數條道路可以走
但是前面一段都較擁堵
最好是一門深入、精工細作
讓心和力氣都沈下來
擁抱寂寞、修性養靈
因為心無旁騖
所以效率最佳, 如是
穩扎穩打

除此, 之外
歲月靜好, 皆是詩篇
滋養的味道

遷

一億小魚離家出走
漂泊在紅塵中

一千個懸念在渡劫
糾纏在因緣里

一頭豹
徜徉在密林

一隻羊
奔走在草原

一牽念
就這樣鑽進微信里

磊

只影涼曉, 淨潭泥沼
漠漠濁濁驚濤
浮萍倚石, 後浪呼嘯
落紅埋沒荒草
一廂情絲祝禱
荒井甘泉再冒
玲瓏身段圍繞

坐定觀影, 錚錚骨傲
襯弱弱一株可憐嬌
星星點點紅雲綴
靜默無聞行功早
歷苦難, 不抱怨
遭委屈, 不爭辯
只是莞爾笑

風雨路
千般誤會難計較
冷月夜, 荒野廟

飄渺霧，落寞橋
歷盡磨練趕超
待到淩雲高
一覽眾山小

醒

欲將沈寂能量化成仙閣瓊岳
一定要勤跳生命之舞, 你要
毫不客氣、強烈去愛
尤其是老修, 不要太沈了
那是一種死寂、缺乏生機
所以要冥想碧水環繞群山的意象
尤其打坐時不要放任能量遲滯或墮落
莫認同那蒼老的嚴肅, 要學會頑皮
面對「敵意」就來點兒搞笑
身邊若有兒童的就去連接
沒有的, 就在額頭上貼一「童趣」
然後不間斷地照鏡子

你眼前是聖潔無瑕的萬里平湖
趕緊把家搬到湖邊來吧
你在水泥籠子里呆久了
甚至連夢景都是一片蕭瑟
是不是已很久未夢見
萬里連綿旖旎的百花盛開

這就是為何能量一沈、人就渾濁
當蝴蝶與蜜蜂不再交歡發出聲聲尖叫
當活屍人就只是為了一日三餐
你把這樣的日常當作現實
而我視之為死亡

你這話嘮的女嬰啊
你這老惹我生氣的玩童啊
我欠你甚多甚多啦，是該趕緊彌補
別等鋼筋從肚臍穿過將你囚箍
別等腸胃里的糧食囤積成了垃圾，修煉人
才點頭認可，一輩子真是
白忙活。你的另一面回響著鼓舞
所以，我們不得不為靈魂的同一目的
重新經歷一次騷動
與能量重組

歆

漆黑的一斗篷
漆黑的一身夜披風
一座大山正這樣坐著打瞌睡
一群未醒事的少年
就從這山中走出
他們一路搞怪，一路發瘋
一路苦中作樂，而我之家訾
也就寄存在他們之中
同是流浪者

我割下幼稚狂妄的頭顱
迎向不斷向前走的步履
踏上一級級歪斜的石階
擁抱夏的熱情與秋的高爽
未曾想一路風景竟越走越旖旎
今日回頭一看
左腳依舊是詩情
右腳依然是魔幻

而且
那些樂於把自己逼上絕路的
奮鬥青年, 依然是我的偶像
那些埋頭苦幹
甚至被人嘲笑的傻瓜
依然是我心中的菩薩
而且
我特別欣賞老年人
跳生命之舞

我是借宿在一個
用簡單符號裝飾的大腦中
其外圍是一高等學府, 在其中就讀的
盡是朝氣蓬勃的青年學子
我早起來, 得到一學姐姐的
贊嘆鼓勵, 接著又收到
好多人用諸多印章
做成拼圖的禮物

www.ingramcontent.com/pod-product-compliance
Lightning Source LLC
Chambersburg PA
CBHW041136110526
44590CB00027B/4042
* 9 7 8 1 9 2 2 6 8 0 1 6 7 *